edition taberna kritika

Christian de Simoni
Das Rigilied
Herkunft und Bedeutung

http://www.etkbooks.com/

Gestaltung: etkbooks, Bern
Coverzeichnung: Christian de Simoni

Bibliografische Information der Deutschen Nationalbibliothek: Die Deutsche Nationalbibliothek verzeichnet diese Publikation in der Deutschen Nationalbibliografie; detaillierte bibliografische Daten sind im Internet über http://ww.dnb.de abrufbar.

ISBN: 978-3-905846-44-7

Christian de Simoni

Das Rigilied

Herkunft und Bedeutung

Essay

Mit einem Nachwort
von Elio Pellin

edition taberna kritika

Inhalt

Das Rigilied 7
Herkunft 13
Bedeutung 55
Besteigung 101
Nachwort 113
Literatur 118
Biografie 120

Das Rigilied

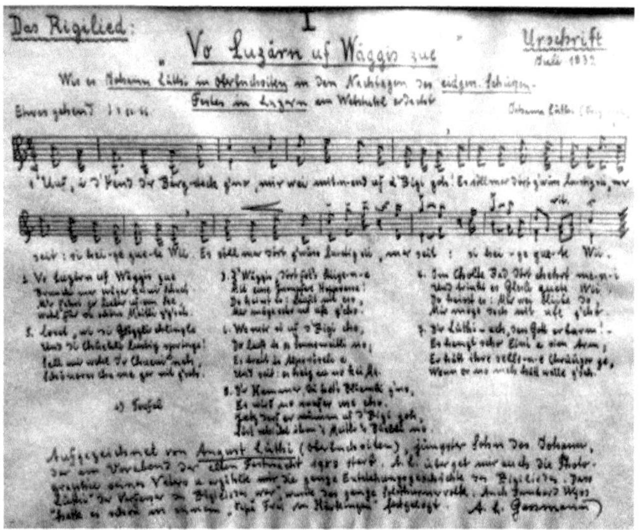

Das Rigilied in der „Urschrift" vom Juli 1832, aufgezeichnet von Alfred Gassmann 1904.

In der „Urschrift", die der einzige ernstzunehmende Rigilied-Forscher Alfred Leonz Gassmann 1904 nach einem mündlichen Vortrag des Sohns des Komponisten anfertigte, lautet der Text des Rigilieds wie folgt:

Rigilied (1832)

Uuf, i d'Hand d'r Bärgstock g'noh,
mir wei mit'nand uf d' Rigi goh!
Es söll m'r dört g'wüss lustig sii.
M'r seit, sie heige guete Wii.

Vo Luzärn uf Wäggis zue
bruucht me weder Strümpf no Schue.
M'r fahrt jo lieber uf em See,
wohl für die schöne Fischli z'g'seh.

Z'Wäggis dört foot's Stiige na,
mit euse Jumpfere, hoppsassa!
Do heisst es: Laufit nit eso,
mir möge scho no ufe g'cho.

Im Chalte Bad dört chehrt me ni
und trinkt es Glesli guete Wii.
Do heisst es: Mir wei bliibe do,
mir möge doch nit ufe g'cho.

Loset, wie die Glöggli chlingle,
und die Chüehli lustig springe;

söll mi wohl dr Chueni neh,
Schöneres cha me gar nit g'seh.

Wo mir si uf d'Rigi cho,
do lauft is es Sennemeitli noh.
Es treit is Alperöseli a
und seit, es heig au no kei Maa.

D'r Lüthi, ach, dass Gott erbarm!
Es hang't scho eini a sim Arm;
er hätt' ere selle ne Chrüüzer gee,
wenn er no meh hätt' welle g'seh.

D'r Hammer, dää het's Blüemli g'noh,
es wird im suufer usecho.
Jetz darf er nümm uf d'Rigi goh,
söst schickt im 's Meitli 's Büebli noh.

Einen ersten Eindruck von der Geschichte des Rigilieds ergibt sich, wenn man den Text der Urversion mit der heute gängigen Version vergleicht: Ganz allgemein lässt sich feststellen, dass der Text kürzer geworden ist, weniger spezifisch und heute viele Jodellaute beinhaltet. Der Name „Hammer" ist wie das Sennenmädchen und sein dargebotenes „Alperöseli" vollständig verschwunden. Die Fische aus der zweiten Strophe haben sich in Mädchen verwandelt und am Schluss bleibt das Abwägen zwischen mehr Wein und mehr Geld – während in der Urschrift ein Kind darauf wartet, dass einer seine Vaterschaft anerkennt. In der heute gängigen Version, wie sie im Herbst 2016 zum Beispiel auf der Website von „Luzern Weggis Vitznau Rigi Tourismus“ zu finden ist, lautet der Text des Rigilieds wie folgt:

Vo Lozärn gäge Wäggis zue (2016)

Vo Lozärn gäge Wäggis zue
Holje-guggu, holje-guggu
Bruucht me weder Strömpf no Schueh
Holje-guggu, holje-guggu

Hoduliduli hopsassa holje-guggu, holjeguggu
Hoduliduli hopsassa holje-guggu-guggu

Fahre im Schiffli öbere See
Holje-guggu, holje-guggu
Um die schöne Meitli z'gseh
Holje-guggu, holje-guggu

Hoduliduli hopsassa holje-guggu, holjeguggu
Hoduliduli hopsassa holje-guggu-guggu

Meiteli, trink mer ned z'vel Wy
Holje-guggu, holje-guggu
S'Gäud das muess verdienet sy
Holje-guggu, holje-guggu

Hoduliduli hopsassa holje-guggu, holjeguggu
Hoduliduli hopsassa holje-guggu-guggu

Was in den bald 200 Jahren zwischen diesen beiden Versionen geschah und wie dieser Wandel (auch in der Melodie, wie noch zu zeigen sein wird) zu erklären ist – davon handelt dieses Buch.

Herkunft

Tolstoi hörte das Rigilied am 7. Juli 1857 vor dem Hotel Schweizerhof in Luzern.

i.

Zu den zahlreichen Fans des Rigilieds zählt auch der Schriftsteller Leo Tolstoi. Am 7. Juli 1857 hörte er in Luzern auf der Strasse vor dem Hotel Schweizerhof ein „graziöses Lied“: *L'air du Righi*. „Dieses Lied, das der Sänger für den Schluss aufgespart hatte“, hält Tolstoi in seiner Erzählung *Luzern* fest, „war noch schöner als alle die vorhergehenden.“ Beeindruckt und ohne Verständnis für die abschätzigen Blicke des Personals bewirtete er den fahrenden Musikanten nach der Darbietung in der Schweizerhof-Bar mit dem besten Champagner und liess sich den Liedtext auf Französisch übersetzen. Ich zitiere aus der deutschen Rückübersetzung des bei Tolstoi wohl Russisch abgedruckten Liedtexts:

Willst du auf den Rigi steigen.
So brauchst du bis Weggis keine Schuhe
(Denn man fährt mit dem Dampfschiff);
Von Weggis nimm dir einen großen Stock,
Nimm dir auch ein Gläschen,
Nimm dir auch ein Mädchen untern Arm,
Trinke noch ein Gläschen Wein,
Sollst aber nicht zuviel trinken,
Denn wenn du Wein trinken willst,
Mußt du ihn dir zuvor verdienen…

Die Klammerbemerkung („man fährt mit dem Dampfschiff") hat Tolstoi wohl zu den Versen hinzugefügt. Das Mädchen „nimmt" man sich in dieser Version wie den Stock und den Wein in Weggis mit. Und neu ist hier eine Moral, die so in dem Lied nicht vorhanden war: Vor dem Trinken warnt keine der 33 anderen bekannten Textvarianten – und doch hat sich diese Version letztlich durchgesetzt, wie im ersten Kapitel deutlich wurde. Möglich wäre es also, dass das heute gängige Ende des Liedtexts von Tolstoi selbst stammt. Tolstois kurze Erzählung ist in verschiedener Hinsicht typisch für die Geschichte des Rigilieds: Text und Melodie wurden bedenkenlos den eigenen Bedürfnissen angepasst. Als Volkslied war es sozusagen gemeinfrei, es wurde nach Belieben übersetzt, weiterverbreitet und dabei laufend verändert. Sein Komponist erlitt das Schicksal vieler Volksliederschöpfer: Er wurde bereits zu Lebzeiten vergessen. Handelte es sich, spekulierten frühe Rigilied-Forscher, dabei um einen Deutschen, um einen Allgäuer? Einen Aargauer? Oder gar um den Rigiteufel, einen besonders kräftigen Älpler mit einer sonoren Stimme? Und welche Rolle spielte der von Tolstoi erwähnte fahrende Musikant? Einig sind sich, obwohl sie sich auf entsprechend unterschiedliche Versionen beziehen, die meisten Quellen darin, dass das Rigilied ein besonders schönes, vielleicht das schönste Lied von allen ist. Die Frage nach der Herkunft des Lieds wird in diesem Buch vollständig und endgültig geklärt. Seine Bedeutung wird ebenfalls nachvollziehbar, wenn die Zeit, in der es entstand, beschrieben und die Wege, auf denen es sich weiterverbreitet hat, im Folgenden von den ersten Fragmenten bis hin zu zeitgenössischen Interpretationen nachgezeichnet werden.

ii.

Die Anfänge des Rigilieds reichen bis in die Bronzezeit zurück. In Falera im Rheintal, einer der ältesten Siedlungen in der Schweiz, fand der Archäologe Arno S. Hadorn vor wenigen Jahren einen Stein mit keltischen Runen, die er wie folgt übersetzte:

> Die garstige Rigi hab ich
> Bestiegen und unter Föhren
> Baumelten birnenförmig die
> Glocken der Bäuerin
> Ach,
> Wär ich doch [unleserlich]
> Und könnte zu Mittsommer
> hier [Rest verloren]

Bereits in diesen Fragmenten ist der Grundmythos des Rigilieds deutlich zu erkennen: Der Berg wird bestiegen, es ist anstrengend, macht aber auch euphorisch. Der Bergsteiger siegt über die Natur, bezwingt den Berg, erreicht die Spitze. Oben angekommen, darf er sich mit einer Bauerntochter oder einem Naturmädchen paaren. In dieser ersten, archaischen Beschreibungsstufe des Kampfes Mensch gegen Natur ist noch nicht viel mehr vorhanden als der reine brünstige Akt, die Aussicht darauf oder das Vergnügen daran. Aber welche

Poesie, welche zarten Andeutungen finden sich mehrere tausend Jahre später in der Version von Johann Lüthi! Bis dahin ist noch ein weiter Weg. Auch im buchstäblichen Sinn: Das Gebiet der heutigen Schweiz wird nun stärker besiedelt, die Bevölkerung wächst. Handelsrouten entstehen, Waren wechseln den Besitzer. Anfänglich sind es vor allem Tonkrüge mit Fischsuppe, Öl oder Wein, die vom Mittelmeer über die Alpen getragen werden. Aber auch Lieder und Verse werden transportiert und in die Welt hinausverbreitet. So verwundert es wenig, dass sich auch in der griechischen und römischen Lyrik jener Zeit Versatzstücke des Rigilied-Mythos finden. Es gibt Quellen, die belegen, dass dieser Berg in früheren Zeiten als Gottheit verehrt wurde:

> Die Rigi zu besteigen, ist wie Feuer,
> Es wärmt dich und erfreut
> Und regt dein Verlangen an
> Zu tanzen.

So soll ein alter griechischer Dichter über sie geschrieben haben. Er nimmt damit deutlich auf das Brunstmotiv Bezug, das bereits in den Falera-Fragmenten enthalten war. Allerdings scheiterten auch einige der vorbeireisenden Römer und Griechen an dem unwegsamen Gelände. Deshalb gibt es auch Inschriften der folgenden Art:

> Dieses Monument ist der Rigi gewidmet
> Von einem Verehrer aus Rhodos.
> Er hat sie geliebt und ging an ihr zugrunde.

Oder auch eher schadenfreudige Versionen, gedichtet von den Gegnern Roms, die sich darüber lustig machten, dass die Soldaten vom täglichen Bergsteigen völlig ermattet waren. Um Kräfte für den Kampf zu sammeln, sei die römische Infanterie mehrmals pro Woche auf die Rigi gestiegen, in einer Art Trainingscamp, wie sie heute die Nationalfussballer in Fünf-Sterne-Spa-Hotels absolvieren. Durch die Serialität der Erfahrung ging jedoch letztlich die Einzigartigkeit des Rigi-Erlebnisses verloren, was bei den Römern auch zu einem gewissen Verdruss führte. Das wiederum inspirierte zu Spottversen wie dem folgenden, gefunden auf einem Torbogen in der Nähe von Ostia Antica:

> Dank sei der Rigibesteigung, die mir dabei half, diese Stadt einzunehmen.

Es meldeten sich bald auch erste Zweifler, Abtrünnige aus den eigenen Reihen, die diese Form des Trainings in Frage stellten oder sich lautstark und in der damals verbreiteten Kommunikationsform, derjenigen des Verses, weigerten:

Ihr Narren, die ihr auf die Rigi steigt,
Wisst ihr es nicht: Ihre Arme sind kurz
Und doch klammert sie sich an euch fest.

Verschiedene Religionen und Philosophien haben sich sodann mit dem Sinn oder der Notwendigkeit der Rigibesteigung beschäftigt, es gibt Warnungen, Lobpreis und Gejammer. Die Priester und Denker verschiedenster religiöser Richtungen und Kulturkreise gelangten zu entsprechend unterschiedlichen Ergebnissen, bekämpften sich und diskutierten stundenlang, während sie hintereinander durch Säulengänge schritten. Ob all dieser Diskussion vernachlässigten sie die effektive Besteigung. Dann kam das Mittelalter.

iii.

Das Römische Reich ging unter und Bauern aus dem Simmental übernahmen in der Schweiz das Sagen. Für einige Jahre wurden die Berge ignoriert, schliesslich handelt es sich dabei auch nur um Steine. Einer der ersten Schweizer Dichter, der sie auf Deutsch besang, war Jean-Guillaume Notz, ein Bauer aus Därstetten im Berner Oberland:

Thiese cheyben Brögcken
Verstoppfen mir das Thal
Der Leibhaft'gke mögh sie rügcken
Mir sinth sie scheyszegal

So schreibt er in seinem *Thagebuch meyner Bauernschaft* (1707), das im Weiteren vor allem Beschreibungen schöner Kühe enthält. Denn die Schweizer konzentrierten sich dannzumal auf die Kuhzucht, der Ackerbau war ihnen wegen des unwegsamen Geländes zu anstrengend. Noch heute zeugt der Schmähnamen „Kuhschweizer" von dieser Eigenart. Die Bayern verspotteten ihre Nachbarn damit als schwächlich, ihnen war es nämlich eine Freude, den Pflug durch die Scholle zu stossen, meist taten sie das singend oder skandierend, mit nacktem Oberkörper und einem Trinkhorn voller Weizenbier am Gürtel. Viele Bilder von Schweizer Malern zeugen von dieser Kuhvernarrtheit und auch heute noch hat sich die Liebe für das Rindvieh in die Visagen diverser prominenter, aber auch unbedeutender Passanten in der Schweiz, etwa Sven Epiney oder Christa Rigozzi, eingeprägt. Zeitgenössische Kritiker, wie die von einem breiteren Publikum noch zu entdeckende revolutionäre Autorin Elsbeth von Gusti, bemängelten insbesondere die fehlende Dialogbereitschaft der Kuhzüchter: „Mein Mann kennt nur zwei Gesprächsthemen. Die einzigen zwei Dinge, die ihn interessieren und über die er sprechen will, sind Kühe und Werkzeuge für die Landwirtschaft", klagt sie in ihren *Geheymen Auffzeychnungen aus dem Thal der Verzweyflung* (1721). Sie beschreibt darin minutiös, wie sie sich vom „adretten Landmädchen" zur depressiven Greisin entwickelte. Nachdem sie in jugendlichem Übermut mit einem wandernden Soldaten einen unehelichen Sohn gezeugt hatte, den sie kurz nach der Geburt in ein Heim gab, um die Affäre zu vertuschen, wurde sie zunehmend verbittert. Sie vermisste ihren Sohn und hasste ihren Mann. Gleichzeitig fürchtete sie sich davor, dass „ihr Geheimnis ans Tageslicht kommen" könnte. Sie betete ununterbrochen, einerseits um Versöhnung, andererseits um Verschleierung beziehungsweise darum, dass Gott ihr helfe, ihre Lüge zu decken. Dieser Widerspruch war ihr wohl unbewusst selber klar, was möglicherweise der Grund für ihre Depression war. Die letzten drei Bände ihrer Notizen bestehen aus Jammern über ihre schlechte Gesundheit, über ihre schlimmen familiären Verhältnisse und Hilferufen an Gott, den Allmächtigen. Jean-Guillaume Notz schreibt zur selben Zeit sein vielleicht wichtigstes Gedicht:

> Wer seine Kuh nicht ehrth
> Der ist's bei Gost nicht werth
> Ein Schweijzerbub zu heiszen
> Söll er doch zu den Geiszen.

Es ist allerdings in einer kaum akzeptablen Weise invektiv und wurde deshalb bis heute nie von einem Verlag gedruckt.

Wenige Jahre später erstand das unlesbare Hexameter-Geschwurbel von Albrecht von Haller, *Die Alpen* (1729). Dieses wurde jedoch im Simmental und wahrscheinlich auch von Notz und Gusti nicht gelesen. Wohl aber lasen es die Aristokraten, und sie wurden dadurch zu einer Reise in die Innerschweiz inspiriert.

iv.

In Luzern entstanden Anfang des 19. Jahrhundert die ersten Hotels mit Alpensicht, internationale Gäste gaben sich die Ehre. Mir fehlt die Zeit, sie alle aufzuzählen. Fest steht: Luzern hatte als Tourismusstadt Erfolg, weil es gleichzeitig Ausgangs- und Aussichtspunkt war. Die Touristen – es waren meist „Städter aus gutem Hause" – konnten dort „standesgemäß nächtigen" und „bequem die Alpen erkundigen". Und das geschah meist auf einem ganz bestimmten Berg: „Als die typischen Touristenausflüge nennt einer der frühesten Luzernführer, der 1871 erschienene und auch ins Englische übersetzte *Berlepsch-Führer*, die Fahrt mit dem Dampfschiff von Luzern nach Flüelen sowie die ‚Vogelschau'-Sicht von der Rigi", schreiben Laura Fasol und Jon Mathieu in ihrer *Geschichte der Landschaft in der Schweiz* (2016). Damit die Besucher dieses neuartige Erlebnis, sich quasi mitten in der Bergwelt zu befinden, besser verstehen konnten, begannen geschäftstüchtige Innerschweizer Lehrer mit dem Druck und Verkauf sogenannter Rigipanoramen. Das waren faltbare, gezeichnete Rundsichten, auf welchen die wichtigsten Gipfel angeschrieben waren, etwa das Hohe Rizlihorn, das Finsteraarhorn, der Wilde Strubel oder der Giswyler Stock. Diese verkrüppelten schneebedeckten Steinklöpse hatten nun

Namen und wurden greifbar. Der alte Notz hat es nicht mehr erlebt. Er wäre wohl erstaunt gewesen, schrieb er doch in einem seiner letzten überlieferten Gedichte:

> Dört, wo der Schnee 's ganz Jahr durch lieget,
> Auf diesen Felsen oben,
> Dört söll, wenn mich mal der Tüüfel krieget,
> Mein Kampf des Thodes thoben.

Dem harten Schädel des Simmentalers zum Trotz, wurde das Reisen mehr und mehr zum Massenphänomen. Dabei half der Ausbau der Infrastruktur: Es wurden nebst Hotels auch Eisenbahnen, Dampfschiffe und Bergbahnen gebaut – zudem wurden diverse Anleitungen von der gerade neu erfundenen Gattung des Reiseführers verfasst. Mit Thomas Cook entstand zu jener Zeit auch das erste Reisebüro der Welt, das bald auch noch die Gruppenreisen erfand. In dieser Konstellation kommt nun dem Rigilied eine besondere Rolle zu. Dessen erste Strophe ist nichts weniger als eine Anleitung zur Rigibesteigung. In der Originalversion lautet sie:

> Uuf, i d'Hand d'r Bärgstock g'noh,
> Mir wei mit'nand uf d' Rigi goh!
> Es söll mir dört g'wüss lustig sii.
> M'r seit, sie heige guete Wii.

In Form eines lüpfigen Volkslieds mag diese Reiseanleitung für das Volk zugänglicher und vor allem überzeugender gewesen sein als etwa englische Reiseführer, die bildungsbürgerlichen Verse von Hallers oder die Zeichnungen der Innerschweizer Lehrer.

Das „Feuerwerk der Aussicht" bei Nebel.

V.

Wie man heute weiss, entstand das Rigilied 1832 in einem Dorf namens Oberrunzelen an der Dünner. Gedichtet hat es der Musiker und Gelegenheitsarbeiter Johann Lüthi, geboren 1800 in ebendiesem Dorf. Sein Grabstein steht auf einem schmalen Rasenstreifen zwischen der Hauptstrasse und der Wirtschaft zum Löwen. Als viele Jahre nach seinem Tod eine S-Bahn-Lokomotive mit dem Oberrunzeler Dorfwappen drauf eingeweiht wurde, sang die ganze Schule Lüthis Lied über die Wildsaujagd: „Früsch uuf, ihr Jeeger, früsch uuf zur Jagd." In der Region bekannt wurde Lüthi aber als Komponist des Rigilieds, das im Sommer 1832 entstand, nachdem er sein Heimatdorf für ein paar Tage verlassen hatte, um am Eidgenössischen Schützenfest in Luzern teilzunehmen.

Heimatforscherin Elisabeth Pfluger stellt fest, dass die Oberrunzeler stets als besonders musikalisch galten. Dies könnte, glaubt sie, damit zusammenhängen, dass eines der am meisten verbreiteten Geschlechter, die Motschi, von eingewanderten Ungarn abstammte. Und die waren, weiss Pfluger, ein gar musikalisches Volk. „Das Wesen des Oberrunzelers", lese ich indes in einer *Festschrift zum 500-Jahr-Dorfjubiläum*, „ist zugeknöpft und nicht leicht zugänglich." Dieses Spannungsfeld zwischen

Musikalität und Verbohrtheit bildet den Nährboden für die Entstehung des vielleicht schönsten Lieds. Zur Illustration dieser speziellen Ausgangslage sollen zunächst nun der heimatliche Boden Johann Lüthis und die Eigenart seiner Oberrunzeler Zeitgenossen etwas detaillierter beschrieben werden.

Oberrunzelen liegt in einem breiten Tal zwischen Überresten der Seiten- und der Endmoräne eines Gletschers. Früh für die Landwirtschaft genutzt, diente das Tal bereits den Römern als wichtiger Weg. Heute führen Gleise durch, die Autobahn, Stromleitungen, es gibt Industrie, kleine Wälder, Landwirtschaftsbetriebe und zusammengewachsene Dörfer. Ein unappetitlicher Siedlungsbrei. Vom Gletscher sind einzelne Steine geblieben, Findlinge aus dem Mont-Blanc-Massiv, vor Tausenden Jahren angetragen; von den Römern Ruinen und Pflanzen; Burgen aus dem Mittelalter, Bauernhäuser und Bräuche aus der Zeit danach; Familiennamen aus dem letzten Jahrtausend und es gesellte sich, vielleicht als Konsequenz aus diesem speziellen Lebensraum, eine über all die Jahre kultivierte Selbstgefälligkeit dazu, die sich, wenn überhaupt, in Misstrauen gegenüber Fremden äussert. „Der Oberrunzeler lässt sich nicht gern in seinen Topf gucken. Er steht Neuem kritisch gegenüber“, beschreibt die Dorfchronik den Charakter der Einwohner. Trotzig distanzierten sich die

Dorfbewohner, Handwerker, Lehrer und Bauern, von den wachsenden Industriezonen und den daran anschliessenden Arbeitersiedlungen ausserhalb des Kerns. Kleine Häuschen entstanden zwischen Autobahn und Bahnhof, mit Tujahecken, Garagen, Wohnblöcke mit Spielplätzen, wie hingewürfelt, während im Dorfkern aufwendig renoviert, restauriert und ausgebaut wurde, sämtliche Dächer westwärts gerichtet, die Gärten durch Zäune und Mauern eingefriedet. „Über sein Hab und Gut wacht der Oberrunzeler und ist sehr darauf bedacht, keinen Schuh von seiner Scholle ohne seinen Vorteil herzugeben." Trotz Gezeter an der Gemeindeversammlung in der Wirtschaft zum Löwen kamen Neuzuzüger, deren Vorfahren man nicht kannte, deren Namen man nicht aussprechen konnte. „Sie scheinen sich nicht für das Dorfleben zu interessieren", stellte man fest. „Das Brauchtum droht auszusterben, das Dorf zur Schlafgemeinde zu verkümmern!" Um das zu verhindern, pflegte man einen Schutzwall aus Argwohn gegen aussen: „Der Oberrunzeler schätzt es, wenn man ihn in Ruhe lässt. Der Übername der Nachbargemeinden für die Oberrunzeler, ‚Schopfgugger', hat deshalb seine Berechtigung." Gegen innen jedoch blühte das Vereinsleben.

Es verwundert deshalb nicht, dass der berühmteste Oberrunzeler und neben ein paar drittklassigen National- und Regierungsräten einzige Dorfheld der Blasmusiker und Komponist Johann

Lüthi ist. Er bewohnte 1832, als er das Rigilied dichtete, einen kleinen, stickigen Keller beim Kofmehl in der Hegi, bloss 200 Meter von der Hütte entfernt, in der er aufgewachsen war. Der Bauer war eine Sau, er roch wie eine, rotzte auf den Boden, und er sang falsch, wenn er seine Schweine schrubbte. Lüthis Eltern waren Tagelöhner gewesen, halfen den Bauern bei Bedarf aus, suchten was anderes, warteten. Nicht besser erging es dem kleinen Johann. Die Schule sagte ihm wenig, der damals aktuelle pädagogische Ansatz beruhte auf Drohung und Erniedrigung; Lüthi war krumm gewachsen, hatte eine Piepsstimme und sah aus wie eine Witzfigur, also wurde er eine. Aber er hatte eine Fähigkeit, die ihn unter allen anderen auszeichnete: Er konnte dichten und singen. Bereits im Knabenalter verfasste er Spottgedichte und Loblieder und trug sie an Hochzeiten mit glasklarem Sopran vor. „Mit 12 Jahren", gab Lüthis Sohn Arthur dem einzigen ernstzunehmenden Rigilied-Forscher Alfred Gassmann zu Protokoll, „besuchte Johann zum ersten Mal mit seinem Vater eine heilige Messe." Es handelte sich wohl um seine Erstkommunion. Weshalb er dann erstmals die Kirche besucht haben soll, erschliesst sich mir nicht. Möglicherweise hat Gassmann, der ansonsten als Rigilied-Forscher unzweifelhaft ist, nicht richtig hingehört. Wie dem auch sei: Nach dem Mittagsmahl hätten die Geistlichen den aufgeweckten Knaben dazu ermuntert, ein lustiges

Liedchen vorzutragen. Etwas widerwillig ergab Johannli sich dem Drängen und sang das folgende improvisierte Liedchen:

Muess i denn au singe,
Und ee nüüd z'singe weiss,
So bloos mer dää u dää i d'Schue,
Wo mi singe g'heisst!

Das Gedicht wurde begeistert aufgenommen. Verschiedenste Personen mochten es. Einige haben es geteilt. An Dorffesten verfasste Lüthi nun regelmässig Spottgedichte auf die anderen Anwesenden, ganz ähnlich wie viele Jahre später die Hiphopper in sogenannten Battles. Und er spielte bald schon im Orchester als Klarinettist mit. Später wurde er als Trompeter in die Militärmusik aufgenommen, eine grosse Auszeichnung, denn die nahmen nur die Besten. Und da er nicht nur musikalisch, sondern auch sprachlich begabt war, wurde er Bediensteter eines Obersts. Es ist ein offenes Geheimnis, dass die meisten Ansprachen der Offiziere in seinem Regiment von Lüthi verfasst wurden. Nach der Rückkehr aus dem Militär dirigierte er verschiedene Chöre und Orchester und arbeitete weiter als Taglöhner. Seinen Welthit, das Rigilied, konnte er nicht kontrollieren. Die Melodie wurde bald wieder geändert, der Text auch und Johann Lüthi als Komponist und Texter vergessen. Zwar entdeckte der einzige ernstzunehmende Rigilied-Forscher einige Jahre nach dessen Tod Lüthi als Schöpfer wieder, erreichte damit aber nur, dass er später selbst für den Texter des Lieds gehalten wurde. So behauptet etwa der Jodelexperte Bart Plantega 2004, das Lied stamme vom erst 1835, drei Jahre nach der Entstehung des Rigilieds geborenen Komponisten Joseph Felder aus Luzern und der Text von Gassmann.

Lüthi spielte bis unmittelbar vor seinem Tod weiter Musik, er starb 1869 an einer Lungenentzündung als Folge einer Erkältung, die er sich bei einem Auftritt in Aarburg geholt hatte. „Von seiner Musikernatur", schreibt Gassmann, „legt heute noch ein von ihm geschriebenes Notenbüchlein vom Jahre 1865 – vier Jahre vor seinem Tode – beredtes Zeugnis ab." Auf der Innenseite steht das Motto:

Schön ist der Gesang von Noten,
Aber mach' dir nicht viel Müh'.
Schön ist, weisst du was?
Wenn's immer etwas ist im Glas.

vi.

Das allgemeine Wettschiessen war damals eines der grössten und wichtigsten Feste in der Schweiz, die ihrerseits kurz davor war, ein Bundesstaat zu werden. Der Chronist August Feierabend beschreibt die Location in seiner *Geschichte der Eidgenössischen Schützenfeste* (1875) eindrücklich: „Der Festplatz befand sich am südwestlichen Ufer des Luzernersee's, ganz nahe bei der Stadt auf einem weiten Wiesenplan, zu dem eine mit hohen Wollnussbäumen beschattete Strasse führte. Von demselben genoss man eine hübsche Rundaussicht über den blauen See auf den schönen Alpenkranz von dem lieblichen Rigi bis hin zu dem zerklüfteten Pilatus." Lüthi mag also bereits auf dem Weg zum Festplatz der Rigi gedacht haben. Begleitet wurde er auf seiner Reise von seinem Freund Franz Hammer, dem Wirt des Restaurants Löwen, in dessen Vorgarten heute Lüthis Grabstein steht. „Samstag den letzten Brachmonat Abends 9 Uhr verkündigten vom Gütsch herab 22 Kanonenschüsse den Anfang des Eidgenössischen Schützenfestes. Mit ihnen hellte die seit Wochen andauernde regnerische Witterung sich auf und lachte die ganze Woche hindurch der klare blaue Himmel freundlich dem Freudenfeste." Die Leute tanzten und schossen mit dem Gewehr ins Feld. Lüthi und Hammer nahmen allerdings nicht als Schützen teil, sie fuhren, getreu ihrem Stand, hin, um zu arbeiten. Hammer schnetzelte Kartoffeln für die Festwirtschaft, Lüthi half als eine Art Büroassistent, denn er konnte lesen und schreiben. Nebst dem Schiesswettbewerb gab es in den Speisehütten viele Festreden, die alle vom freisinnigen Geist jener Zeit beseelt waren. Und dieser boomende Freisinn sollte später dafür verantwortlich sein, dass sich das Reisen zuerst zum Bürger- und dann auch zum Massenphänomen entwickelte. Methoden der Industrialisierung wurden auch im Verkehr eingesetzt (die Dampfmaschine zum Beispiel in Fabriken genauso wie in Eisenbahnen oder Dampfschiffen). Wie Hans Magnus Enzensberger in seiner bis heute einflussreichen *Theorie des Tourismus* (1958) feststellt, bediente man sich für die von romantischen Idealen geprägte Flucht aus dem Alltag, also den Urlaub, genau der Methoden und Dinge, die den Alltag so unerträglich machten; Serialität und Massenhaltung. Die bis heute in Reiseberichten oft geäusserte Verachtung gegenüber dem Tourismus oder anderen Touristen resultiert aus der Enttäuschung, nicht der Einzige zu sein, sondern eben bloss Teil eines inszenierten Massenphänomens. Eine der Grundfragen – vielleicht auch die Hauptfrage – des Touristen ist diejenige nach der Authentizität. Wie Robert Schäfer in seiner sehr erhellenden Dissertation *Tourismus und Authentizität* (2015) erklärt, geht es dabei letztlich um Präsenz. Was der Reisende sucht und auf Reisen im besten Fall auch ab und zu findet, ist seine eigene Gegenwart, seine Gegenwärtigkeit als Körper. Die Selbstwahrnehmung. Das erklärt beispielsweise auch, weshalb in Reiseberichten unter Freunden und Verwandten Verdauungsvorgänge, Nahrungsaufnahme und Schlaf den wichtigsten Platz einnehmen: Es sind die unmittelbaren, im „Lärm des Alltags" meist nicht wahrgenommenen Basisfunktionen des Körpers. Auch das „Selfie" ist letztlich bloss eine Dokumentation: Mein Körper war dort. Noch weiter geht Byung-Chul Han, der das Selfie in seinem Buch *Die Austreibung des Anderen* (2016) mit dem Ritzen vergleicht: „Selfies sind glatte Oberflächen, die das leere Selbst für kurze Zeit ausblenden. Wenn man sie aber umwendet, stösst man auf die mit Wunden übersäten Rückseiten, die bluten. Wunden sind Rückseiten von Selfies."

Aber zurück zu Lüthi: Die Schweiz war gerade im Entstehen, es loderten die Grabenkämpfe und das Wettschiessen als „Nationalfest" war der wichtigste nationale Anlass für die Eidgenossen. Auch der Bundespräsident nahm am Schützenfest teil und hielt eine Rede. Fahnen wurden geschwenkt und betrachtet. Es gab einen Schwinget und ein Wett-Turnen. Die beiden Oberrunzeler Johann und Franz lernten zwei junge Kellnerinnen kennen. „Habt ihr morgen schon etwas vor?", fragten sie diese, als das Fest zu Ende war (sie waren gut gelaunt, denn sie hatten gerade den Lohn für ihre

Arbeit in bar ausbezahlt gekriegt). „Möchtet ihr uns auf einen Ausflug begleiten?“ Die Serviertöchter zierten sich zuerst, willigten aber dann doch ein, und damit sie sich wiederfinden würden, übernachteten alle in Lüthis Zelt. Am nächsten Tag ruderten die vier in einem kleinen, gemieteten Boot über den Vierwaldstättersee nach Weggis. Dort warteten bereits die sogenannten Rigiträger, starke Männer in weissen Unterhemden, die anboten, das Gepäck der Herrschaften den Berg hinaufzutragen. Lüthi und Hammer lehnten ab. Hammer hatte eine Flasche Wein dabei und eine zweite für Lüthi eingesteckt. In Rigi-Kaltbad bestellten sie noch mehr davon und rauchten eine Pfeife, bevor sie, noch fröhlicher nun, den Aufstieg zum Kulm fortsetzten. Oben angekommen, sprang ein Hirtenmädchen auf die beiden zu und streckte ihnen eine Alpenrose entgegen. Es erzählte ihnen, „es heig au no kei Maa“. Lüthi hatte bereits zwei kichernde Serviertöchter am Arm und keine Hand frei. Franz jedoch nahm das Geschenk gern an. Zurück in seiner finsteren Webstube in Oberrunzelen an der Dünner dachte Johann Lüthi an dieses frohe Erlebnis zurück und notierte sich die Verse des Rigilieds, während er die Schiffchen seines Webrahmens emsig hin- und herschickte, „jetz darf er [der Hammer] nümm auf d’Rigi goh, söst schickt im ’s Meitli s’ Büebli noh“.

vii.

150 Jahre später kroch ich selbst auf dem Oberrunzeler Boden herum. Es waren die siebziger Jahre des 20. Jahrhunderts. Orange und Braun. Vier Zimmer im Erdgeschoss; die Wohnung liess sich von der Strasse her oder durch den Garten betreten. Die Hintertür wurde auch von den anderen Bewohnern genutzt. Im ersten Stock das Ehepaar Wirz, darüber die beiden Schwestern Iseli. Alle vier eher schweigsam, schrullig, über siebzig und meist schlecht gelaunt. Das Bad war ein fensterloser Raum zwischen Küche und Treppenhaus. Alle anderen Zimmer hatten mindestens zwei Türen. Dadurch war es möglich, im Kreis durch die Wohnung zu gehen. Vor der Küche befand sich die kleine Terrasse, ein paar Stufen führten zu einem Weg aus Steinplatten. Auf beiden Seiten der Treppe standen Säulen aus Metall. Dort hielt ich mich als kleines Kind am liebsten auf. Ich lief, erzählten mir die Eltern, oft im Kreis um die Stangen, plapperte oder sang. Neben der Terrasse war ein Schuppen, darin die Waschmaschine. Im Vorgarten ein Quittenbaum, Rasen und der schmale Weg zum Gartentor. Einmal war mir ein älterer Schüler gefolgt, weil er mich verprügeln wollte; Stefan, ich weiss den Namen heute noch, sehe das Gesicht und höre die bereits brechende Stimme, die mir droht. In den Garten hinein, durch das Tor, hatte

Stefan sich nicht gewagt. Am Strassenrand ein Brunnen, daneben ein Nussbaum. Im Herbst fielen die Nüsse hinein und schwammen auf der Wasseroberfläche, bis sie verfaulten. Nach rechts lief die Strasse in eine Sackgasse aus. Dort lernte ich Rad fahren. Auf der anderen Seite mündete sie in die zentrale Achse des Dorfes, die Dorfstrasse, die von einigen Geschäften bekränzt zum Bahnhof führte und von dort weiter in den alten Dorfkern. Hinter dem Haus ein Ziergarten; Blumenbeete, von akkurat geschnittenen Buchshecken umgeben. Dann ein Feld, auf dem Kühe oder Pferde weideten, umrandet von Haselnusssträuchern.

Der Schulweg verlief einen Bach entlang, der in einen tiefen, etwas mehr als einen Meter breiten Kanal eingelassen war. Den Schülern war es eine Mutprobe, weil von den Eltern streng verboten, über den Bach zu springen. Mein Bruder fiel einmal ins Wasser, nur ein zufällig vorbeigekommener Dorfbewohner konnte ihn retten. Wo man den Bachweg verlassen musste, um rechts abzuzweigen, wohnte ein böser weisser Hund. „Ärger ihn nicht", sagte meine Mutter. „Er merkt sich das. Und wenn du ihm später mal begegnest und er nicht eingesperrt ist, wird er sich rächen." Wenn man, um nicht beim bösen Hund vorbeigehen zu müssen, der Eisenbahnschiene folgte bis zum Bahnhof, passierte man einen Bauernhof. Davor stand ein Pflaumenbaum. Mit den halb verfaulten

Früchten bewarfen sich die Schüler. Im Dorf gab es einen Sattler, dessen Gesicht aussah wie das Leder, mit dem er hantierte. Weiter oben, hinter dem Bahnhof, ein kleiner Laden, in dem die Kinder Bonbons erhielten. Eine Metzgerei, bei der ich Wurst erhielt, und der Bäcker Küttel. Daneben ein Spielplatz, auf dem wir tagelang turnten. Filme im damals beliebten Super-8-Format dokumentieren die Kletterkünste. Zwischen diesem Dorf und dem Nachbardorf liegt eine Industriezone. Gas.

Das schönste Mädchen des Dorfes war Esther, die Tochter des Schulwarts. Alle Knaben waren in sie verliebt, weil sie blonde Haare hatte. Leider musste sie den Kindergarten wiederholen, wodurch sie nicht mehr in meiner Klasse und damit auch ausser Reichweite war. Kurz vor dem Abschied für immer führte der Kindergarten das Märchen Dornröschen auf. Natürlich war Esther die Prinzessin. Also kämpfte ich um die Rolle des Prinzen, als ginge es um mein Leben; kriegte sie auch und durfte Esther küssen. Sie presste die Lippen zusammen.

Später zog Heike hierher. Sie hatte rotes Haar und wohnte in einem Block am Rand des Dorfes, hinter der Seilfabrik. Ihr Vater trug eine Jeansjacke mit Aufnähern und einen Nietengurt. Sie fragte mich, ob ich Hard Rock kenne, spielte mir zuerst eine Platte von Bon Jovi und dann das Lied „Feifeicoutäin“ vor. Ich war begeistert. Sowohl von der

Musik als auch von Heike, und wir beschlossen, dass wir ab jetzt ein Paar waren, bald heiraten und Kinder kriegen würden. Heike sagte, sie wisse, wie das gehe. Als ich die Geschichte meinen Eltern erzählte, lachten sie mich aus und sagten, ich sei frühreif. Dieses Wort habe ich damals und noch lange danach nicht verstanden. Wenige Jahre später war ich bei Kenny zu Besuch, dessen Eltern beide arbeiteten; der Hausschlüssel baumelte ihm an einer Kette um den Hals. Wir schauten Trickfilme. Schneeflittchen und die geilen Zwerge. Es seien Pornos, sagte Kenny, sie gehörten seinem Vater. Ich hatte wieder ein neues Wort gelernt. Diesmal erzählte ich es meinen Eltern nicht.

Ein paar Häuser weiter wohnte Mario in einem kleinen Einfamilienhaus. Im Garten gab es viel Dreck und eine grosse Pfütze. Darin sass er mit seiner Schwester, Tina, Tatiana oder Tabea. Mit meinem Bruder setzte ich mich dazu. Später, im Kinderzimmer, erzählte Mario, dass seine Schwester auch einen kleinen Penis habe. Wir glaubten ihm nicht. Als sie die Tür öffnete und mitmachen wollte, befahl Mario ihr, ihren kleinen Penis zu zeigen, dann lasse er sie mitspielen. Sie zog die Hose herunter und zeigte den erstaunten und leicht angewiderten Jungs ihre Klitoris.

Im Hotel Bären im Dorfzentrum fanden früher die Maskenbälle statt. Haben wir dort nicht einmal Tequila getrunken? Nützi, einige Jahre älter, erklärte uns Knaben, wie wir das Salz ablecken und anschliessend in die Zitrone beissen mussten. Die anderen Dorfbewohner lachten, als ich hustete. Aber sie hatten auch Respekt, denn ich behielt den Schnaps im Gegensatz zu Töbu. Ist der Bären nicht einmal abgebrannt? Das Internet weiss es nicht.

Durch den Wald führte eine steile Strasse mit Wasserrinnen hinab. Ich hatte Angst, dass sich das Rad darin verfangen könnte. Weil ich mir Mühe gab, das zu verhindern, geschah es tatsächlich mehrmals. Ich verletzte mir das Knie am steinigen Boden, fuhr aber weiter. Später gab es dort, in Wangen an der Aare, so heisst das Dorf, ein zu einem Club umfunktioniertes, denkmalgeschütztes Schützenhaus. Dorthin fuhren wir manchmal, Töbu, Luc und ich. Die Brüder trugen weisse Hemden und waren stark parfümiert. Im Auto hing ein Duftbaum. Im Schützenhouse wurde Musik gespielt, die mir nichts sagte. New Kids on the Block zum Beispiel. Oder Sandra. Luc und Töbu tanzten Frauen an. Ich stand mit einem Bier an die Wand gelehnt und schaute zu. Wusste nicht, was ich tun und wohin ich schauen sollte, aber doch, dass es cool war, dort zu sein, und versuchte, entsprechend cool auszusehen. Einmal küsste ich aus Protest die fette Evelyne, die Freundin einer aufgebrezelten, dürren Blonden. Im Auto erzählte Evelyne, dass sie in der Ausbildung zur Friseuse war, dass sie Hunde mochte und Richard Dean Anderson. Schrieb ihren Namen und ihre Telefonnummer auf einen Zettel, bevor sie das Auto verliess Richtung Elternhaus, vor dem Töbu angehalten hatte. Auf der restlichen Fahrt stellte ich mich schlafend.

viii.

Als Vroni mit den Kindern übers Wochenende an die Lenk, ins Ferienhaus ihrer Eltern, verreiste, beschloss ich, wieder einmal nach Oberrunzelen an der Dünner zu fahren. Ich setzte mich an den Computer und betrachtete das Haus auf Google Earth, sah im Garten und auf der Weide dahinter drei neue Einfamilienhäuser stehen.

Zwei Zugführer unterhielten sich am Ende des Bahnsteigs. Als der eine sich verabschiedete, in den Zug einstieg und dieser abfuhr, quoll noch immer Rauch aus dem Aschenbecher und schwebte über dem leeren Gleis. Die Rauchwolke löste sich von der Sonne beschienen langsam auf und entfernte sich aus meinem Gesichtsfeld.

Der Zug hielt in Oberrunzelen Dorf. Der Bahnhof steht noch, der Pflaumenbaum ist noch da, auch das Schulhaus. Nur der Kindergarten ist durch einen Neubau ersetzt worden; Einfamilienhäuser, wo früher Weiden mit Pferden oder Apfelbaumkolonien gewesen sind. Der Bachweg ist umzäunt und mit einer Schranke versehen. Man kann nun nicht mehr hineinfallen und man kann auch nicht mehr durchfahren. Der Hund ist weg, sein Zwinger; oder war der ganz woanders? Egal. Weiter. Das Haus, in dem ich aufgewachsen bin, hinter dem Bauernhaus stand es, wurde komplett renoviert, keine Ratten mehr, die nachts durch die

Wände rennen. Ich erinnerte mich daran, wie mein Vater sie mit dem Luftgewehr erschoss und in Müllsäcke packte. Von der Gemeinde gab es Geld für jedes tote Tier. Wo der Schuppen mit der Waschmaschine gewesen war, befindet sich heute ein Vorbau, Treppenhaus oder Lift. Die Stangen wurden entfernt oder sind Teil des neuen Baus geworden. Im Garten neben dem Brunnen wird eine grosse, asphaltierte Fläche als Parkplatz genutzt. Die Weide hinter dem Haus ist ebenso wie der Ziergarten verschwunden. Stattdessen ein Kiesplatz mit den üblichen klotzigen Rattan-Lounge-Gartenmöbeln, ein weisser überdimensionierter Sonnenschirm, dahinter fünf neue Einfamilienhäuser (seit der Satellitenaufnahme von Google sind also bereits weitere entstanden). Eine kleinere Rasenfläche steht als Bauland zum Verkauf.

Im Dorf gibt es kein einziges Geschäft mehr. Weder den Kiosk am Bahnhof (dort steht nur noch ein Automat) noch den Sattler, den Milchladen oder die Bäckerei. Im ehemaligen Gasthaus Löwen gibt es Kleinkredite. Die einzige Möglichkeit, sich zu verpflegen, ist das Hotel Bären. Ich hatte zwar vermutet, dass es die Käserei und den Bäcker nicht mehr gibt, aber gedacht, dass sich an ihrer Stelle vielleicht die Filiale einer grossen Supermarktkette in einem Glasquader mitten im historischen Dorfkern befindet. Anstelle eines Gemüsegartens hat man einen Parkplatz. Mit dem

Auto kaufen die Bewohner im nächsten Dorf ein, am Samstag, nach dem Putzen. Vor einem neueren Haus mit Milchglaszaun, griechischen Säulen und vielen Fenstern, so vielen, dass sie durch hässliche Industrierollos verhängt werden müssen („Schützen Sie sich vor neugierigen Blicken!", heisst es auf Werbeplakaten), standen zwei Autos. Ein Jeep und ein Mini. Ich wanderte die Jurakette hoch, durch vier Dörfer, Farnern, Rumisberg, Günsberg, Wolfisberg. In keinem gab es einen Laden oder auch nur einen Geldautomaten. Dafür kreuzte ich den Sagenweg, den Scheunenweg, die Fauna-Expeditions-Trophy und den Fuchspfad mit im Gebüsch aufgestellten Füchsen aus Pappe. Als ich das Bergrestaurant erreichte und mein letztes Kleingeld zusammenkratzte, reichte es für eine Suppe und ein Bier, bevor ich noch drei Stunden weiterwanderte. Durch Wälder, in denen der Bärlauch wuchs, das Grün erst unten war, die Bäume noch kahl, Richtung Solothurn. Die Sonne wärmte den Winter weg. Wenige Wanderer unterwegs, ein paar Radfahrer. Immer wieder Stellen, die mir bekannt vorkamen, einzelne Abschnitte. Das Naturfreundehaus, die Burgruine, erratische Blöcke, worüber immer ein Witz mit dem Klang des ersten Worts gemacht wurde, den ich damals nicht verstanden habe; auf diesen Steinen sind wir oft herumgeklettert; ich weiss noch, wie sie sich anfühlen: edel und kalt.

ix.

„Frauen bereichern die Musikszene. Wie die Männer haben auch sie Spass am Musizieren in der Gemeinschaft. Mit viel Ehrgeiz setzen sie sich dafür ein, zusammen mit den Männern ein Musikstück zu erarbeiten. Die gemeinsamen Erlebnisse von den Proben über Ausflüge bis zu den Auftritten bilden einen festen Bestandteil ihres gesellschaftlichen Selbstverständnisses. Und wenn sie die Geselligkeit, der ja oft der Ruch bierseliger Männerbünde anhaftet, um das weibliche Element bereichern können… "

Das steht in einer alten Ausgabe der Musikerzeitschrift „Taktstock", in der ich während der Fahrt über Langenthal, dort in die Schmalspurbahn umgestiegen, nach Oensigen und wieder zurück, blätterte und dabei über meine Ambitionen als Blasmusikant, Lüthis Nachfolger sozusagen, in Oberrunzelen an der Dünner nachdachte. Es war ein Artikel über das Eidgenössische Musikfest, dieses „gigantische Musizieren und Dirigieren", das alle fünf Jahre „unser Land beschwingt". Fünfzehn Jahre ist es her, seit ich selbst daran teilgenommen habe. Ich erinnerte mich an Dörrbohnen über halb verdauten Resten Kartoffelpürees im Waschbecken. An mein Gesicht auf dem Gruppenfoto als besonders bleiches. An ein Massenlager voller schnarchender Männer. Und an Doro im selben Raum. Daran, wie sie sich umzog. „Schöner könnte der Auftakt zum nationalen Musikfest nicht sein: Die Luft ist lau, die Abendsonne glänzt und blinkt auf den polierten Instrumenten. Alles läuft mit höchster Präzision ab. Jede Musikformation stellt sich am Start beim Kursaal auf. Der Dirigent kontrolliert, ob die Krawatten richtig sitzen und ob jede Uniform ordnungsgemäss geschlossen ist. Stehen seine Leute genau hinter- und nebeneinander, stimmt das Karree? Sind die Trachtenfrauen und der Fähnrich am richtigen Ort? An jeder Marschstrecke, nach Osten und nach Westen, wurde eine Tribüne aufgestellt, auf der die Jury sitzt und die Vorträge nach sechs subtilen Kriterien…"

In den Jahren, in denen kein Eidgenössisches Musikfest stattfand, waren Generalversammlung und Jahreskonzert die Höhepunkte der sogenannten Kameradschaftspflege. Im Löwensaal trafen wir uns wöchentlich zur Gesamtprobe. Nach Einspielen, Töneaushalten und Intonationsübungen probte man Walzer, Märsche und sogenannte Konzertstücke. Auf den Orchesterplätzen viele Bauern, der Bahnhofsvorstand an der Tuba und Pirmin, der Kommandant der Dorffeuerwehr, an der Kesselpauke. Damit war es nicht getan. Donnerstags gab es Registerproben im Schulhaus. Dirigiert vom Primarlehrer Küttel, Klarinetten unter sich. Vor grösseren Auftritten Marschmusik die Industriestrasse entlang, vorbei am einzigen Bordell Oberrunzelens, worüber Pirmin und der Eggiswiler viele Witze wussten. Auf Kommando des Dirigenten marschierte man im Takt: „Spiel, vorwärts, Marsch!“ Vor dem Jahreskonzert im Herbst gab es eine Intensivwoche, vor kantonalen und nationalen Musikfesten sogenannte Probe-Weekends. Das ganze Orchester inklusive Küchenteam bezog ein altes Holzhaus im Simmental. Massenlager, Register- und Gesamtproben; am Abend gemütliches Beisammensein auf Holzstühlen im Aufenthaltsraum. Ich hasste die Alpen. Ich konnte nicht verstehen, weshalb man auf die Idee gekommen war, diese trostlose Gegend zu besiedeln. Die Leute auf der Strasse starrten grimmig unter lächerlichen Hüten hervor, grüssten nicht, schrien ihre Hunde an und strichen sich die Schnäuze glatt; die Kassiererin im Dorfladen versteckte ihre Depression hinter Unhöflichkeit. Dumm fuhren die Einheimischen mit ihren Vierradjeeps und Traktoren den Berg hoch und runter, spritzten Kuhdreck auf die Wiesen und wählten die Volkspartei. Ging man an ihnen vorbei, starrten sie einen mit offenen Mündern an. Einmal warf ich die Verpackung eines Getreideriegels in einen Mülleimer (schwierig genug, einen solchen überhaupt zu finden). Als ich von einer Anhöhe hinab zurückschaute, sah ich, dass ein Einheimischer nachschaute, was ich hineingeworfen hatte.

„Wisst ihr eigentlich, warum die Kühe so blöd sind?", fragte Eggiswiler eines Abends an einem einfachen Holztisch im Restaurant Löwen, wir hatten die zweite Runde Grosse bestellt.

„Weil sie den ganzen Tag um die Bauern sind."

„Ja, ja. So ist das", meinte Pirmin, der mir gegenübersass, und hob sein Glas: „Lieber eine Krankenschwester als einen kranken Bruder, Prost!"

Ich ahnte damals nicht, dass es mir nie gelingen würde, vom Musizieren zu leben – obwohl weder mein eigener Vater, ein Jazzmusiker, der sich von Kirmes zu Hochzeit hangelte, noch Johann Lüthi, der sein Geld als Weber und Taglöhner verdiente, es geschafft hatten. Dass ich deshalb die nächsten zwanzig Jahre auf entwürdigende Nebenjobs angewiesen sein würde. Und dass diese mich genau jene Energie und Nerven kosteten, die mir dann wiederum zum ernsthaften Musizieren fehlten. Täglich übte ich zwei Stunden im Keller. Chromatische Tonleitern, Fingerstellung, Intonation. Der Ansatz wurde besser. Ich traf auch die hohen Töne.

Einmal sass ich mit dem dicken, bärtigen Posaunisten Nützi nach dem Konzert an der Bar, wir tranken Bier und Schnaps. Im Saal war Tanz mit der Einmannband Rudolf von Rotz. Wir schauten den Paaren zu, die zu *Sierra Madre* und *El Cóndor Pasa* Foxtrott schunkelten. Wie immer bei solchen Anlässen war draussen im Hof ein Kotzloch gegraben worden. Dabei handelte es sich um eine mit einer Schaufel ausgehobene Grube von der ungefähren Grösse zweier nebeneinanderliegender Männer. An strategischen Punkten standen handgemachte Holzwegweiser: „Kotzloch“, „Toiletten“, „Bar“. Das reichte zur Orientierung.

„Frag den Eggiswiler“, sagte Nützi, bevor er die Bar verliess, um zu pinkeln, „der weiss, wie sie vögelt.“ Dabei deutete er auf Bettina, die Bardame, und warf ihr einen Kussmund zu. Draussen machte er auch Doro an und fand sich prompt im Kotzloch wieder. Dort wäre er bestimmt erstickt, wenn ihn nicht Pirmin, der Kommandant der Dorffeuerwehr, beherzt herausgezogen hätte. Dazu grinste er und sprach: „Kocht die Bäuerin faule Eier, kotzt der Bauer wie ein Reiher.“

X.

Zurück in Bern, öffnete ich den Briefkasten. Post. Ich hatte gewonnen. Ehre und Geld. Genug, um meine Studie über das Rigilied woanders weiterführen zu können. Ich schlug Potsdam vor. Vroni war einverstanden. Freunde von uns leben dort, Philipp und Angela, die wir schon lange besuchen wollten. Es gibt mehrere Seen. Die Mauer. Alte Stasi-Villen. Ich habe viel davon gehört und ein wenig darüber gelesen. Wir begannen sofort damit, uns eine Wohnung zu suchen. Musste nur noch meinen Chef überzeugen, dass ich „remote" arbeiten durfte. Das sollte kein Problem sein, dachte ich, dennoch zögerte ich es hinaus. Bis zum letzten Moment. Er reagierte positiv, wollte mich aber nicht ganz freigeben. Ich müsse jeden Morgen zwischen zehn und zwölf erreichbar sein. Ich versprach es. So schwer es mir fiel und so viel es mir verunmöglichte. Ich verdiente genug, um eine Zweizimmerwohnung mieten zu können.

Bedeutung

Die Rigi war das Mallorca des 19. Jahrhunderts.

i.

Ein Unfall, zum Beispiel ein Beinbruch, ins Spital zur Notaufnahme: Name, Geburtsdatum, Heimatort. Im obligatorischen Vorgespräch zur Hochzeit: Name, Geburtsdatum, Heimatort. Im Arbeitszeugnis, noch vor der Funktion: Name, Geburtsdatum, Heimatort. Immer, wenn etwas Wichtiges geschieht, hat man Auskunft zu geben, woher man kommt.

Die Herkunft lässt sich definieren als „woher etwas kommt". Das wurde für das Rigilied im ersten Teil dieses Buchs geklärt. Die Bedeutung lässt sich vielleicht umschreiben als „bis wohin etwas geht". Also wie weit sich das Rigilied beispielsweise verbreitet hat. Herkunft und Bedeutung sind eng miteinander verknüpft. Wenn beide bekannt sind, lässt sich die Strecke dazwischen messen, gewissermassen das „vo Luzärn uf Wäggis zue". Damit also die Bedeutung verstanden werden kann, muss die Herkunft geklärt sein.

Ich habe vor, eine Erklärung dafür zu liefern, weshalb das Rigilied damals so beliebt war und weshalb es noch heute, mehr als 200 Jahre später, so bedeutend ist, dass es in der Schlagersendung *Musikantenstadl* vom 26. Juli 2014 durch Andy Borg und Francine Jordi vollkommen ironiefrei interpretiert wurde. Es gab diverse textliche und musikalische Vorstufen, die sich bis zu den Kelten zurückverfolgen lassen; am berühmtesten war das Rigilied aber in der heute gebräuchlichen Version und zu Beginn des 19. Jahrhunderts. Das hatte spezifische historische und kulturgeschichtliche Gründe, die bereits erwähnt wurden und die in diesem Kapitel noch einmal ausführlicher hinsichtlich ihrer Bedeutung behandelt werden.

Zuerst muss ich aber noch eine dringendere Frage klären. Unterdessen hab ich das erste Kapitel einem befreundeten Forscher zu lesen gegeben. Er meinte, dass ich dauernd wechsle zwischen „der Rigi" und „die Rigi".

„Welches Geschlecht hat denn nun eigentlich dieser Berg?", fragte er mich und warf das Manuskript entnervt auf den Tisch, hob die Hände seitwärts in den Himmel und drehte mit den Augen Kreise. Ich hielt das für ein wenig übertrieben und sagte:

„Es wird in den Quellen unterschiedlich gehandhabt."

„Du solltest", sagte er, hatte sich wieder gesetzt und einen grossen Schluck Bier genommen, sich den Schaum vom Mund gewischt und den Kugelschreiber in die andere Hand genommen, „du solltest", sagte er also, „dich nach der Schreibung des Dudens richten."

„Ich arbeite an der Zukunft der Sprache", antwortete ich. „Da kann ich mich doch nicht an einem so rückwärtsgewandten Orthografienaziwerk ausrichten. Wo kämen wir denn dann hin?"

Darauf schritt er wortlos davon und meldete sich nicht wieder. Mir liess das etwas Zeit, auch diese Frage zu klären – Vroni hatte für diesen Abend ausnahmsweise die Kinderbetreuung übernommen. Ich setzte mich an den Computer und schrieb in Googles Suchschlitz: „Heisst es der oder die Rigi?" Dabei stiess ich auf ein gerade erst erschienenes „Lesebuch" mit dem Titel *Der Rigi ist die Rigi* (2016). Die Frage sei seit Jahrhunderten ungeklärt, steht dort bereits im Werbetext für das Buch. (Ich werde es also nicht kaufen müssen.) Obwohl viele weltberühmte Schweizer Schriftsteller anlässlich eines so und so viel hundertjährigen Jubiläums des ersten Hotels dort oben einen Text beigetragen – oder wie der Herausgeber meint: zur Verfügung gestellt – haben: Die Frage nach dem Geschlecht des Berges wird anscheinend auch in diesem Werk und mit vereinten Kräften nicht geklärt. Dabei wäre es doch ganz einfach: Man muss den Fall nur mit einer anderen, ähnlich gearteten Diskussion vergleichen, derjenigen um die Lenk.

ii.

Der Ferienort Lenk befindet sich im Berner Oberland, am Ende des Simmentals, das bis zum Thunersee herabführt. Bei der Lenk biegt sich ein langgezogener Berg ein wenig. Man nennt ihn die „länge Egg". Viele Berner besitzen hier ein Ferienhaus oder eine Ferienwohnung. Vielleicht, weil sie gute Erinnerungen an Ferienlager haben, vielleicht, weil sie selber bereits mit ihren Eltern hierhinfuhren. So bleibt wenigstens alles im selben Kanton. Wie auch die Eltern von Vroni. Am Wochenende oder an Feiertagen fahren sie gern mit dem Auto „in die Berge", und das ist in ihrem Fall „an die Lenk", wie diejenigen sagen, die volksetymologischen Erklärungen glauben. Mich stört der Verkehr; und ausserdem, wenn die Erklärung stimmt, wäre es dann nicht eher in *den* Lenk? Zwar steht hier nicht das Geschlecht, sondern die Präposition zur Diskussion, das Prinzip ist indes dasselbe wie bei „der" oder „die" Rigi.

Zugegeben, das Gebirge ist wirklich recht beeindruckend, hohe Felsen ringsum, andererseits aber erscheint es als Wahnsinn, dass diese öde Gegend überhaupt bewohnt wird. Meist herrscht schlechteres Wetter als unten, Wolken hängen über dem Tal oder ein eisiger Wind bläst hinein. Die Menschen sind entsprechend griesgrämig, verstecken sich in ihren tiefen, nach Holz mottenden Häusern und schauen missgünstig und im Wortsinn von oben herab auf die Städter, die das Tal an schönen Tagen, während der Schulferien und am Wochenende spassgeil fluten.

„Am besten und auch am klügsten wäre es doch“, sagte Vroni letztes Mal, als wir für ein paar Tage zusammen hier oben weilten, „wenn man dieses Tal bereits unten, beim Eingangstor zwischen Burgfluh und Stockhorn in Wimmis, abriegeln würde.“ Es würden nur noch Waldarbeiter und Wildhüter zu Fuss hochgelassen. Und Berggänger, so sie denn gewillt wären, ihre Wanderung bereits hier zu beginnen und zu biwakieren. Es bräuchte nur einen kleinen Riegel. Und einen Wächter. Die gesamte Infrastruktur könnte man verrotten lassen. Gras würde über die Seilbahnmasten wachsen, Moos die Rolltreppen überwuchern. Es würden sich wieder wilde Tiere ansiedeln. Wölfe vielleicht, Wild. Es würde gefährlich, hindurchzugehen. Spaziergängern wäre es erlaubt, Waffen mitzunehmen. Aber sie dürften nur so viel schiessen, wie sie verzehren könnten. Und einander, das würde nicht weiter auffallen. Alle Einwohner würden umgesiedelt (viele sind es sowieso nicht, die meisten Häuser sind ja Ferienwohnungen und Hotels). Sie dürften sich in Thun oder Interlaken niederlassen, wo die Infrastruktur entsprechend ausgebaut würde: öffentlicher Verkehr, Schulen, Kitas, Müllabfuhr, Feuerwehr, Spitäler und so weiter. Das Berner Oberland wäre zwischen Spiez und Montreux geschlossen. Das Gleiche auch mit den anderen Tälern. Einzig eine Achse, über Frutigen und von dort an durch Tunnels bis nach Visp, bliebe geöffnet. Denn dort ist ja wirklich kaum mehr was zu retten, Hässlichkeit überall. Wie in Sihlbrugg. „Fahr mal dorthin, hindurch. Such ein Bild davon oder lies das Buch von Elisabeth Wandeler-Deck!“, sagte Vroni.

Das tat ich denn auch alles und musste ihr zustimmen. So weit wie in Vronis Vision sind wir aber heute leider noch nicht. Das Tourismusbüro macht Vorschläge und organisiert Anlässe. Zur Gästekarte erhält man eine Broschüre. Sie listet genügend Ideen für mindestens eine Woche Urlaub auf. Zum Beispiel gibt es das Leiterli mit dem Murmeli-Trail. Ausserdem den Luchs-Trail, den Geopfad und die Erlebnisgondelfahrt mit Mona und Flöckli. Im letzten Frühling wurde neben dem Dorf ein Hundeskirennen veranstaltet. Zu diesem Zweck wurde auf einem Feld eine Bühne mit riesigen Lautsprechern hochgezogen und davor eine Piste gebaut, über die von Hunden gezogene Langläufer hetzten. Daneben gastierte ein Zirkus, in dem schweizweit bekannte Komiker, Folkloremusiker und der berühmteste Berner Schriftsteller Walter Schnegg auftraten. Im neuen Dorfzentrum, einer der wenigen autofreien Zonen, gibt es dieselben Produkte wie im Flachland im Supermarkt. Die Verkäuferinnen sind noch unfreundlicher als beispielsweise in der Filiale Wankdorf in Bern.

„Die Lenk“ ist ein Erlebnisort. Wer aber wie Vroni und ich hier lieber nichts erleben möchte, sondern bloss ein wenig spazieren, lesen, den Wald oder die Blumen betrachten, vielleicht ein wenig Bergkäse essen, der hat kaum Möglichkeiten. Die Lenk ist ein Alpendorf mit den Ambitionen einer Stadt. Und dabei ist sie im Vergleich zu Davos, Zermatt oder Andermatt noch relativ bescheiden. „An die Lenk“ kann man vielleicht fahren. „Die Lenk“ muss man erleben, um metaphorisch „in die Lenk“ als Erlebnisort „einzutauchen“. Was lasen wir neulich in einer Broschüre über das Greyerzerland? „Der Moléson hat sich zu einem richtigen Erlebnisberg entwickelt.“

Die Rigi hingegen ist als „die Königin der Berge“ weiblich im übertragenen Sinn. Im prosaischen, und da wären wir wieder bei den Bauern aus dem Simmental: bei Jean-Guillaume Notz, ist sie schlicht ein Berg, bestehend zur Hauptsache aus Stein. Folglich männlich. Die Wahl des Geschlechts gibt also, das nun als Erklärung und damit Ende des Exkurses, Auskunft darüber, ob über die Rigi poetisch, das beinhaltet: touristisch, gesprochen wird oder gleichsam naturwissenschaftlich, rational. Damit wäre im Weiteren auch geklärt, weshalb die weltberühmten Schriftsteller ihre Beobachtungen im Buch *Der Rigi ist die Rigi* verwerten: Der Titel weist darauf hin, dass sich darin poetische Verarbeitungen befinden. Dass also die Schriftsteller mit ihren Texten dazu beitragen, dass „der Rigi“ zu „die Rigi“ wird. Dabei geschieht dasselbe wie mit der Lenk: „An die Lenk“ zu fahren, ist eben das geografische Phänomen, „die Lenk“ ist das metaphorische Feriendorf.

Doch zurück zur Tourismusforschung.

iii.

Ende des 18. Jahrhunderts besuchten viele Touristen Luzern, um mit dem Dampfschiff nach Weggis zu fahren und dort den Rigi zu besteigen. Das Rigilied wurde rasch zum Soundtrack, die Hymne der Hobbyberggänger. Der Sommerurlaubs-Hit, die Rigi war das Mallorca des 19. Jahrhunderts.

Rigireisen dauerten meist mehrere Tage. Übernachtet wurde im Stroh oder in einem der Hotels. Dabei haben sich viele Paare gefunden, manche junge Frau kehrte schwanger vom Berg zurück. Oder blieb auf der Alp und gebar ein uneheliches Kind. Wie es auf diesen Reisen zuging, beschreibt etwa Mark Twain in seinem Text *Eine Rigibesteigung* (1879). Twain unternahm die Reise mit seinem Freund Harris. Mit dem Dampfschiff querten sie den See bis Weggis und vertrauten dort ihr Gepäck einem Träger an, der allerdings ob des langsamen Tempos der beiden unruhig wurde und befürchtete, wenn sie oben angelangt sein würden, bereits das Rentenalter erreicht zu haben. Im Reiseführer, einer Buchgattung, die damals gerade neu entstanden war, ist die Wanderung mit drei viertel Stunden angegeben (was allerdings nicht stimmen kann – immerhin sind es mehr als tausend Höhenmeter). Da Mark Twain und Harris aber ausgiebig rasteten, Pfeife rauchten, tranken und jeweils bis in den Nachmittag hinein schliefen, benötigten sie exakt drei Tage länger. Zurück nach Weggis fuhren sie völlig erschöpft mit der 1871 eingeweihten Bahn. Zwar war Twain weder vom Jodeln noch von der garstigen schweizerdeutschen Sprache begeistert. Klar ist aber: Die Touristen hörten das Lied und nahmen es mit nach Hause. So verbreitete es sich bald weltweit.

Die Reise auf den Rigi dauerte damals etwa gleich lang wie heute nach Mallorca, sie kostete wohl ungefähr gleich viel und das Zielpublikum war ein ähnliches. Was man dort oben trieb, glich dem Programm an den beiden Partystränden ausserhalb Palmas: Trinken und Paarung. Dazu gab es Musik. Auf dem Rigi war es eben das Rigilied von Johann Lüthi. Auf den Balearen hört man Songs wie *Scheiss drauf (Malle ist nur einmal im Jahr)*, die im Prinzip als sinngemässe, aktualisierte Interpretationen des Rigilieds betrachtet werden können. Die Art, wie diese Songs entstehen, ist in den meisten Fällen dieselbe. Das wird im nächsten Kapitel erläutert.

Mit dem Schiff vo Luzärn uf Wäggis zue.

iv.

„Wir können die psychologische Beobachtung machen, dass für Kinder und für Leute aus dem Volke bei Aufsätzen und Briefen der Anfang stets das Schwierigste ist", schreibt John Meier in der Zeitschrift *Schweizerisches Archiv für Volkskunde* (1910). „Haben sie diesen einmal gefunden, so geht es leichter weiter, und verhältnismässig müheloser reihen sich die Gedanken aneinander." Weil diese Anfänge gemäss Meier auch für Volksdichter wie Lüthi (der ja „aus dem Volke" stammte) das Schwierigste sind, bedienen sie sich dabei gerne bei anderen Dichtern oder bei allgemeinen Weisheiten. So ist der ursprüngliche erste Vers des Rigilied-Texts:

> Uuf, i d'Hand d'r Bärgstock g'noh,
> mir wei mit'nand uf d' Rigi goh!

Ein ziemlich deutliches Plagiat (heute würde man vielleicht von Hommage sprechen) des Lieds *Die Alpenreise* von Johann Rudolf Wyss dem Jüngeren, das sich im *Allgemeinen Schweizer Liederbuch* von 1838 findet:

> Auf! Den Bergstock in die Hand,
> Lustig auf ins Alpenland!

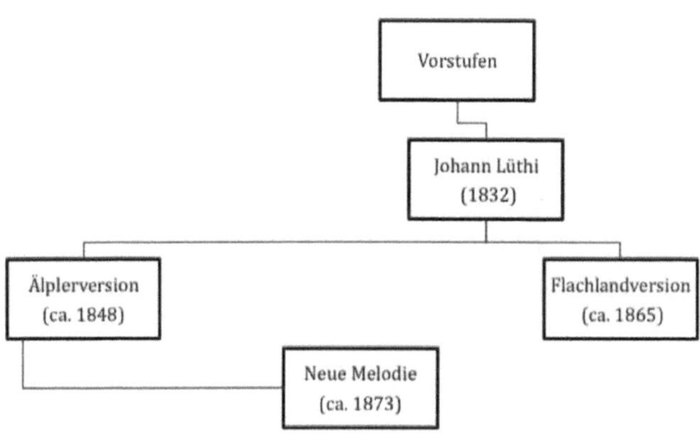

Die Melodie zu diesem Lied hat, wie Meier feststellt, ein gewisser Hans Georg Nägeli „schon vor 1833 komponiert". Und sehr wahrscheinlich hat sich Johann Lüthi, auch was die Melodie betrifft, stark an dieses Vorbild angelehnt. Wie Meier aber richtigerweise anmerkt, kennen wir die „Originalmelodie" des Rigilieds heute nicht mehr. Aufgezeichnet wurde 1906 lediglich die Version, die Lüthis Sohn 72 Jahre nach der Erfindung des Lieds dem einzigen ernstzunehmenden Rigilied-Forscher Gassmann vorgesungen hat. Es ist gut möglich, dass er dabei bereits von anderen, damals viel populäreren Versionen beeinflusst war. Das obige Schema versucht, die Entwicklung der Melodie etwas zu systematisieren.

Nach der Gründung des Bundesstaats 1848, als das Reisen innerhalb der Schweiz vereinfacht wurde, weil es keine Binnenzölle mehr gab, verbreitete sich das Rigilied bei den Älplern am Vierwaldstättersee – und dort ist auch die heute gängige Melodie (Neue Melodie) entstanden. Fahrende Musikanten wie der „Chleeb Fridli", der „Wuestviggeli" von Lostorf oder der „Holderbankermanz" wallfahrteten wie die meisten Katholiken fleissig nach Einsiedeln. Dabei kamen auch sie in Luzern vorbei; sie reisten, um nicht zu viel angebettelt zu werden, über Weggis, Brunnen, Schwyz und sie sangen das Rigilied. „Das Flachland gebiert keine solchen Weisen, des sind wir sicher", schreibt Gassmann. Die ursprüngliche Melodie sei einfacher gewesen, ein „dilettantenhaftes Produkt", „gedankenlos und seicht". Es verwundert überhaupt nicht, dass sich die Bergler-Variante mit den neu hinzugefügten Jodlerintermezzi („Huppe la lal lal la", später „U-di-rü-el-le-le" oder auch „U-di-e-ü e-ü di-e-ü ho" und „Holie-gugu") durchgesetzt hat. Gassmann hält es für wahrscheinlich, dass ein fahrender Sänger wie derjenige, den Tolstoi beobachtet hat, die modernere Melodie einige Jahre später mit zurück in Lüthis flachere Heimat nahm und diese auch dort alsbald grösseren Zuspruch erfuhr als die ursprüngliche Variante. Dadurch wurde die Flachlandversion, die mutmasslich näher bei Lüthis Originalkomposition war, mit der Zeit vergessen.

Auch im heute verbreiteten Text des Rigilieds (siehe Kapitel 1), der ohne die erste Strophe von

Lüthi („Uuf, i d'Hand d'r Bärgstock g'noh") auskommt, zeigt sich, dass von einer allgemeinen Wahrheit ausgegangen wird: „Vo Luzärn uf Wäggis zue bruucht me weder Strümpf no Schue." Diese Phrase löste sogar den Liedtitel ab, das Rigilied ist nun quasi metonymisch als *Vo Luzärn uf Wäggis zue* bekannt. Möglich, dass Lüthi auch hier von einem bestehenden Ausdruck, einem Witz oder einer Redewendung, ausgegangen ist. Und letztlich ist es dieser Satz, der als einziger in Erinnerung bleibt. Der restliche Text wurde immer wieder abgeändert, gekürzt oder gar weggelassen, dieser Satz aber blieb in allen Varianten bestehen.

Lüthis Originalversion des Rigilieds endete noch als Spottgesang auf seinen Freund:

> Der Hammer, dää het's Blüemli g'noh,
> es wird im suufer usecho.
> Jetz darf er nümm uf d'Rigi goh,
> söst schickt im s'Meitli s'Büebli noh.

In späteren Varianten wurde der Name „Hammer" eliminiert und stattdessen der inzwischen berühmtere „Lüthi" oder auch „Ludi" eingefügt. Oder das „Meitli" schickte eine Tochter nach statt einen Sohn.

In der Fernsehsendung *Musikantenstadl* vom 26. Juli 2014 performten Andy Borg und Melanie Oesch (oder wer auch immer das war) das Rigilied. Während auch diese Interpretation mit eindrücklichen Jodel-Einlagen aufwartete, scheint vom ursprünglichen Text nur noch eine vollepilierte Schwundstufe zu existieren. Die subtile Erotik von Lüthis Alpenröschenmetaphorik hat sich in ein schlichtes „Hoppsassa" desublimiert. Nach der Phrase, dass man keine Schuhe braucht, lautet die zweite Strophe schlicht:

> Z' Wäggis foht denn s'stiege a – holi-e-gu-gu
> Buebe, Meitschi, Hoppsassa – holi-e- gu-gu gu-gu.

In der japanischen Version von Sakura Kitagawa (2004) sind die erste Textzeile (bis „Schue") und die (Neue) Melodie deutlich zu erkennen. Danach jedoch folgen eine eher freie Jodelimprovisation und weitere Verse auf Japanisch.

Sogar in einer amerikanischen Abhandlung über das Jodeln wird das Rigilied prominent erwähnt. Eine 82-jährige Frau aus Geneva, Indiana, sang ihm, so verzeichnet der Jodelforscher Bart Plantega, das Rigilied vor, welches schlicht so wiedergegeben wird: „Jo-lo-re-i-di di di jo-li-o-u—di". Die amischen und mennonitischen Bäuerinnen in Pennsylvania, wahrscheinlich ausgewanderte Schweizerinnen, sängen es, erklärte die Gewährsperson dem feldforschenden Autor, inklusive Jodelpart ihren Kühen beim Melken vor. Immerhin habe das Lied dort einen landwirtschaftlichen Nutzen: „It not only fills idle time but it also soothes the cow while stimulating it into giving more milk."

Dass sich das Rigilied auch in Amerika verbreitete, sollte jedoch noch viel weiter gehende Konsequenzen haben als eine Steigerung der Milchproduktion. Vielleicht ist es sogar erlaubt zu sagen, dass es auch eine Steigerung der menschlichen, insbesondere der weiblichen Hormonproduktion bewirkte, wie die folgenden Kapitel zeigen.

V.

Aufgrund der schlechten Wirtschaftslage und diverser anderer Probleme wanderten viele Oberrunzeler just zu jener Zeit, in der das Rigilied entstand, nach Amerika aus, um dort ihr Glück zu versuchen. Denn während die Bürger und Adligen das Reisen entdeckten, darbten die Bauern und Taglöhner vor sich hin. Die neu gewonnene Reisefreiheit nutzten sie dazu, aus den bedrückenden Verhältnissen abzuhauen und ihr Glück beispielsweise beim Goldwaschen zu versuchen. Beschrieben ist eine solche Aus- und Rückreise etwa bei Gottfried Keller in seinem ziemlich anstrengenden Roman *Martin Salander* (1886). Während reichere Amerikaner durch Europa und auf den Rigi reisten, wanderten ärmere Europäer nach Amerika aus. Unter anderen auch die Familie Poulton aus England, sie verliess London 1835 Richtung Amerika. In Lansburgh, New York, fanden sie eine neue Heimat. Dort erlernte ihr Sohn George Violine und Klavier. In den folgenden 26 Jahren begegnete er einem ausgewanderten Oberrunzeler, Aargauer, Luzerner, sonst einem fahrenden Musiker oder einem Rigitouristen. Jedenfalls hatte er sehr wahrscheinlich die Melodie des Rigilieds im Ohr, als er 1861 den Song *Aura Lee* komponierte. Wenn man nur die ersten beiden Takte des Rigilieds und des Soldatenlieds *Aura Lee* miteinander vergleicht, fällt eine gewisse Ähnlichkeit auf (insbesondere, wenn man sie hört).

Aura Lee wurde während des Bürgerkriegs in Amerika zum Hit. Noch grösser wurde der Erfolg dieser Melodie ein paar weitere Jahre später, als sie 1965 zur Grundlage eines Welthits von Elvis Presley wurde: *Love Me Tender.*

Wenn man die ersten Takte der drei Lieder miteinander vergleicht, wird klar, dass es eine starke Nähe zwischen *Love Me Tender*, *Aura Lee* und der Älplerversion des Rigilieds gibt. Mit der Melodie ist in etwa dasselbe geschehen wie mit dem Text: Sie wurde gekürzt, vereinfacht und verallgemeinert. Möglich ist, dass die beiden Lieder auf eine gemeinsame Vorstufe zurückgehen, wahrscheinlich ist jedoch, dass *Love Me Tender* via *Aura Lee* auf dem Rigilied basiert. Sogar der Text, den seine Ghostwriter Elvis diktiert haben, könnte sich dem Sinn nach als Ausspruch des Sennenmädchens verstehen lassen: „Love me tender, love me sweet. Never let me go." Wie wir wissen, wurde der zweite Teil dann aber nicht erfüllt. Weder von Hammer noch von Elvis. Alle gingen sie weiter.

Rigilied / Aura Lee / Love Me Tender

Vergleich der ersten 4 Takte. Tempo normalisiert (4/4) und transponiert in F-Dur.

vi.

In den achtziger Jahren veröffentlichte Gitte Grossjohann-Müller ihr vielbeachtetes Debut *Im Stroh so wohlig*. Darin verarbeitet sie das Rigilied-Erlebnis aus weiblicher Perspektive. Sie siedelt die Handlung in der Gegenwart an. Johann und Franz sind jugendliche Hippies. Die Erzählerin, eine Tochter aus gutem Haus, ist mit ihrem Ehemann unzufrieden. Sie fühlt sich als Anhängsel: unerfüllt und im bürgerlichen Ehealltag zu wenig entfaltet. Als ihr im Immobilienhandel reich gewordener Gatte einen Herbsturlaub in Sankt Moritz aus geschäftlichen Gründen kurzfristig absagt, macht sie sich aus Protest allein auf den Weg. In Arth-Goldau verlässt sie, durch die Alpenwelt künstlerisch beflügelt, ihr klimatisiertes Erste-Klasse-Abteil und steigt in Lackschuhen auf die Rigi. Nach wenigen Metern bereits zieht sie die Schuhe aus. „Ach, wie wohlig war mir“, schreibt sie, als sie die Innerschweizer Erde zwischen den Zehen kleben fühlt, „ich fühlte mich auf einmal so ganz Frau, Naturwesen. Den stattlichen Bäumen rief ich zu: Nehmt mich auf, ich bin ganz euer.“ Nur wenige Seiten später ist sie erschüttert, wie karg die Bergbewohner leben. Einem Bauern, der mit einer Sense das Gras an einem steilen Berghang mäht, will sie einen Zweifränkler in die Hand drücken. Zögert dann aber, weil er mit seinem wuchernden Bart gar schrecklich aussieht. „Ich beschloss“, schreibt sie, „mich auf dem Pfad zu halten und nicht in die unsichereren Gegenden vorzudringen. Das war ich mir schuldig, hatte ich doch erst gerade, jetzt, mit zweiunddreissig, die Wollust entdeckt.“ Besonders drängend wird diese Wollust, als sie auf dem Kulm oben der lustigen Reisegruppe um Franz Hammer, Johann Lüthi und die Serviertöchter begegnet. Sie sitzen um ein Feuer und Lüthi singt eines seiner lustigen Lieder. Die Jugendlichen fordern die Erzählerin dazu auf, sich dazuzugesellen. Anfangs zögert sie, ist das Sitzen auf blosser Erde nicht gewohnt. Bald schon aber „singen und lachen und spielen und lachen“ sie alle im Kreis. Johann schenkt der Erzählerin, die sich Brige nennt, besondere Beachtung. Und als es dunkel ist und alle einnicken, sondern sie sich von der Gruppe ab, um sich in einem Strohverschlag „der Liebe hinzugeben“. Brige macht sich bereits nach wenigen Stunden Sorgen: „Wie hält er es bloss mit mir aus?“, fragt sie sich, „Woher nimmt er die Geduld? Wie kann ich ihm genügen, wo er doch vor mir offensichtlich so viele Frauen hatte, Frauen mit viel Fantasie und Eigeninitiative?“ Als sie ihm ihre Bedenken darlegt, gibt Lüthi, der Poet, ihr den verdienten Ratschlag: „Du darfst in mir nicht den Vater sehen. Wir müssen Partner werden, auch was das Sexuelle betrifft. Du darfst nicht das Gefühl haben, ich verlangte etwas von dir und du schenktest es mir. Du musst zu deinem eigenen

Körper ja sagen, dich und mich in unserer Ganzheit akzeptieren, jegliche Angst und Gewissensbisse ablegen, dich als Einheit nehmen. Dein Körper, deine Lust und deine Befriedigung, sie sind niemals schlecht!“ Das sind wahre Worte. Brige ist erleuchtet und macht sich am nächsten Tag beschwingt auf den Weg zurück ins Tal. Lange noch denkt sie an dieses frohe Erlebnis zurück. „Der Rigi“ wird zur Chiffre ihrer für kurze Zeit nur erlebten Leidenschaft. Einige Tage später, zurück beim Ehemann, notiert sie: „Aber meine Gedanken sind nicht bei Hugo. Rigi. Denke an ihn.“ Die Distanz zwischen dem frohen Erlebnis auf dem Berg und ihrem bürgerlichen Alltag wird immer grösser. „Der Rigi“ verschiebt sich zunehmend in ihre Träume. Sie muss etwas unternehmen, sie will „den Rigi“ wiedersehen. Die Gelegenheit bietet sich, als ihr Gatte mit der Sekretärin eine Geschäftsreise macht und sie für ein paar Tage allein zu Hause ist. Längst hat sie den Verdacht, dass er sie betrügt. Das tut ihrem schwindenden Selbstbewusstsein nicht gut. Sie hält es nicht mehr aus und lädt Johann Lüthi ein, sie zu besuchen. Sie schreibt ihm, dass sie das Ticket bezahlen wird. Selbstverständlich willigt er ein. Obwohl sie dem Treffen lange entgegengefiebert hat, bietet sich ihr bereits am Bahnhof eine Enttäuschung: „Er kam übernächtigt an. In einer braunen Jacke, die er einem kleineren Freund entliehen haben musste. Er war nicht mehr der Künstler, der alternde Hippy [sic], nicht mehr der geliebte Aussenseiter. Ich vermisste seine Militärjacke, den schwarzen Rollkragenpulli. Er hatte sogar den Bart gestutzt. Wirkte bieder. Ein Fremder, der mir da auf dem Bahnhof entgegenkam. Als er seine Reisetasche abstellte, stehen blieb und etwas ratlos umherschaute, fand ich ihn etwas ärmlich. Er passte ins Bild der mitleiderheischenden Gastarbeiter, wie sie nach Feierabend auf Bahnhöfen herumstehen. Dieses Mitleid war es denn auch, das mich wie ein Gift beschlich und gegen welches ich während seines Aufenthalts in Bern anzukämpfen nicht mehr fähig war. Ich ertrug seine Hilflosigkeit nicht.“ So endet denn diese Affäre, noch bevor sie eine werden kann. Hugo trennt sich bald von der Sekretärin, der Ehealltag geht weiter. Erst viele Jahre später, als sie sich bereits mit ihrem Schicksal abgefunden hat, unternimmt sie aus einer Laune heraus noch einmal eine Reise auf die Rigi. Allein, aber nicht mehr barfuss. Obwohl sie überall nach ihm Ausschau hält, findet sie Johann Lüthi natürlich nicht mehr. Nur dass sein Lied nun überall gesungen wird, empfindet sie als „Ausbeutung“ und „Vergewaltigung“ ihres Erlebnisses. Gejagt und mit dem Gefühl, verspottet zu werden, flieht sie zurück in ihre Villa.

Besonders gelobt wurde die junge Autorin von der Germanistin Rösi Müggler, die sich in den achtziger Jahren durch ihren innovativen feministischen

Ansatz einen Namen als Literaturkritikerin und -förderin erarbeitet hatte. Ihre Methode bestand schlicht darin, sich in eine beliebige weibliche Figur des Werks, das sie kritisierte, hineinzufühlen, bis sie sich vollkommen mit dieser identifizierte. Im Namen dieser Figur und somit gleichsam als diese Figur kritisierte sie dann den Autor oder lobte die Autorin. Beklagte sich darüber, dass er sie schlechter darstellte, als sie ist. Oder lobte dafür, dass sie sich als Figur verstanden fühlte. „Dieser Johann Lüthi ist ja durchaus ein interessanter Partner", schreibt sie in ihrer Rezension in der *NZZ*. „Väterlicher Freund, Künstler und Liebhaber. Ich kann gut verstehen, dass man da hin- und hergerissen ist und durchaus überlegt, welcher Weg für einen als Frau der richtige ist. Gitte Grossjohann-Müller gelingt es, dieses Dilemma, das wir alle kennen, aus weiblicher Sicht glaubwürdig darzustellen. Man wünscht sich einfach, dieser Lüthi wäre nicht ganz so ein liederlicher Typ. Er könnte sich ja auch ein wenig Mühe geben, sich der Welt seiner Verehrerin anpassen. Dann wäre die Wahl bestimmt auf ihn gefallen." Die Frage, ob Lüthi überhaupt ein Interesse an dieser Wahl gehabt hätte, stellt sie sich offenbar nicht.

Der mit Rösi Müggler befreundete Journalist Louis P. Schneebely berichtete im lokalen Feuilleton über „die Autorin und ihr erstes Buch" (Kategorie: Ein Traum wird wahr). Sein Artikel begann mit einer Beschreibung eines Lokals, in dem er die

Schriftstellerin getroffen hatte, erwähnte das Getränk, an dem sie „nippte", schilderte ihre Garderobe und wurde mit einem grossflächigen Foto der blonden Autorin illustriert, die eben an irgendeinem Getränk nippend, in irgendeinem flauschigen Sommerkleid, in irgendeiner Szenebar „nachdenklich aus dem Fenster schaute". Vielleicht rauchte sie auch, das durfte man damals noch. Was im Artikel über das Buch geschrieben wurde, hab ich vergessen. Es reichte jedenfalls für gute Verkaufszahlen und einen kleinen Preis der zuständigen Förderinstitution, in deren Literaturkommission praktischerweise und vielleicht auch mangels Alternativen sowohl Müggler als auch Schneebely sassen.

Heute ist die Autorin vergessen – und wohl noch immer verheiratet.

vii.

Ich selbst bin unterdessen mit der ganzen Familie in Potsdam angekommen.

Unsere Wohnung befindet sich in einem ehemaligen Weberhäuschen. Zwei Zimmer im Erdgeschoss, vermietet von der Ehefrau eines Arztes, dessen Praxis im Erdgeschoss des Nachbarhauses liegt. Über uns wohnt eine deutsche Familie. Die Eltern grillen, rauchen und trinken jeden Abend im Gartenhaus. Ihr fettes Kind bedient ein ferngesteuertes Auto oder Plastikgeräte, die digitale Kriegsgeräusche machen. Auf den ersten Blick ist unsere Ferienwohnung geschmackvoll ausgebaut, auf den zweiten und nach kurzer Zeit merkt man, dass alle Geräte, sogar die Toilette, von IKEA sind und nur bedingt funktionieren. Es gibt sogar eine Putzfrau, die in der Miete inbegriffen ist, wahrscheinlich um der Besitzerin, Frau Nektarius, die Möglichkeit der dauernden Inspektion zu geben. Diese Putzfrau ist von derselben Gattung wie die Obermieter. Sie putzt zehn Minuten, dann raucht und quatscht sie eine halbe Stunde im Garten. Danach putzt sie nochmals zehn Minuten. Mir ist das vorerst egal, ich freue mich auf die Zeit hier, Spaziergänge mit den Kindern die Havel entlang, die Arbeit an meiner Studie über das Rigilied. Unsere Wohnung in Bern konnten wir an drei Studentinnen weitervermieten, Medizin, irgendein internationales Forschungsprojekt. Die Miete bezahlt die Uni, was uns eine zuverlässige Regelung schien. Obwohl ich davon ausging, dass ich nie mehr zurück nach Bern kommen würde, hat Vroni darauf bestanden, dass wir die Vermietung vorläufig auf zwei Monate befristen. Dann wäre zu sehen, ob wir wieder zurückkommen.

Es läuft wunderbar. Ich habe einen neuen Auftrag erhalten, verfasse Werbetexte für Möbel, 300 Stühle, Design. Vroni besucht Vorträge und Yogakurse in Berlin. Werktags schreibe ich an dem Essay über das Rigilied und denke über meine Jugend nach. Freue mich an der Schönheit der Landschaft, der Häuser, der Seen, der Wälder. Die Grosszügigkeit der Strassen. Finde ein paar Aufträge in der Schweiz, die ich von Potsdam aus selbständig erledige. Eine Diplomarbeit, ein Esoterikstudio, mehr Möbel. Und kümmere mich nachmittags um die Kinder. Die Kita muss kostenlos oder sehr billig sein, jedenfalls sieht man nur die Kinder von Ausländern oder Touristen. Die deutschen erst gegen Abend. Die Spielplätze sind beeindruckend, die Kinder auch in Restaurants willkommen. Gross ist dieses Land, weit und die Luft wegen der Seen gut. Ich wandere durch kleine Orte mit Giebelhäusern. Alle sind mit Zäunen gut sichtbar voneinander abgetrennt. Zu jedem Haus gehört eine Grünfläche hinter sauber zurechtgestutztem Grün. Zu jedem Haus führt eine Strasse und alle diese Strassen führen in eine grössere

Strasse. Diese führt in den nächsten Ort. Dazwischen aber, zwischen diesen Orten und den Strassen, liegen einige sehr schöne, weitgehend intakt belassene Naturschutzgebiete. Gut ausgeschilderte Wege führen durch sie hindurch, auch sie gepflegt und getrimmt auf Besuch wie die Hecken, unter hohen Bäumen durch, Biotope, Birkenwälder, Ährenfelder. Der Specht, der Igel, gar Ratten.

Ich erkenne verschiedene Siedlungsformen. In den Zentren die grosszügigen Altbauten, dazwischen Plattenbauten der Siebziger, weiter draussen Einfamilienhäuschen. Und immer häufiger treffe ich auf eine neue Siedlungsform, die „gated community". Ganze Quartiere werden aus einem Ort herausgeschnitten. Sie bestehen aus einem einzigen Zugang, einem Gate eben, und einem im Kreis oder in mehreren Kreisen konzentrisch angeordneten Häuschenbrei, durch den ein symmetrisches Wegnetz führt, aus dem es aber keinen anderen Ausgang als eben das Gate gibt. Für die Bewohner entsteht so eine Art Dorf im Dorf. Für den Wanderer sind diese Bereiche ein Ärgernis. Er kann nicht durchwandern, sondern muss diese Siedlungen weitläufig umgehen, dazu muss er den grossen Zubringerstrassen folgen, in die der Zugang logischerweise mündet, da er den Verkehr aller Bewohner bündelt und von drinnen wegleitet. Diese grossen Strassen bleiben die einzige gehbare Verbindung zwischen den Naturschutzgebieten und dem historischen Kern, der noch aus offenen Nebenstrassen besteht.

Im Schlosspark in Klein Glienicke setzte ich mich auf einer Wiese unter einen Baum. Weit genug von der Baustelle entfernt, das Schloss wird auf Kosten der EU renoviert, in Sichtdistanz zu einer Oben-ohne-Mutter mit kurzgeschnittenem, blondem Haar und Stringtanga. Boote gondelten vorbei. Ich las in dem dünnen Bändchen über die Geschichte des Rigilieds. Legte es wieder weg und schaute auf den See. Später ging ich baden. Die Jungs mit den Bierharassen auf Tom-Sawyer-Booten winkten mir zu. Ein alter Mann auf einem klapprigen Moped fuhr bis ans Ufer hinab. Im Korb am Lenker ein kleines Radio, aus dem Death-Metal erklang. Er rauchte eine Zigarette bei laufendem Motor und zur Musik, schaute auf das Wasser, schnippte den Stummel ins Gras und fuhr weiter.

An einem anderen Tag umkreiste ich die Halbinsel, folgte dem Mauerpfad. Bis Wannsee, am Haus der Wannseekonferenz vorbei, die kaum enden wollende Strasse am See entlang, weiter, über die Brücke, über den Schiffssteg, zum Bahnhof. Weiter, der Nikolassee ist ein trüber, kleiner Tümpel, die Autobahn in der Nähe, unter dieser hindurch und über die Hasenheide, weiter, das FU-Gelände, Kleingärten. Es gelang mir, bis nach Lichterfelde beinahe nur durch Parks und Grünanlagen zu wandern. Ab und zu eine Chaussee überquerend, eine Kreuzung, aber sonst viel Grün. Überwachsene ehemalige Bahngleise.

Zwei Monate vergehen schnell. Es wurde kälter, früher dunkel. Vroni langweilte sich.

viii.

Knapp 200 Jahre nach Lüthi sass ich, wieder zurück in Bern, im Keller meiner alten Wohnung, die noch nach den drei Untermieterinnen roch, vor allem in der Dusche, und beugte mich über meine Notizen. Auf dem Tisch türmten sich Blätter, geknickte Bücher, Kronkorken lagen herum, ein geöffnetes Bier stand vor mir. Ansichtskarten von Berlin an der Wand, Kupferstiche zeigten die Stadt Bern im Mittelalter. Aus den Boxen Mike Tramp. Es war Nacht. Die Strasse ruhig, die Kinder drinnen am Schlafen. Fussball vorbei, Kreischen vorbei, Klingeln und Abmachenwollen zu Ende. Die Mütter waren weg, Vroni guckte Serien mit Ärzten, die Scherze reissen und flirten, während sie Patienten ein Bein amputieren, man hörte nichts, ausser Mike Tramp, der über seine gescheiterte Karriere jammerte. Vor fünfzehn Jahren bin ich aus Oberrunzelen weg nach Bern gezogen, weil ich dachte, es müsse die Hauptstadt sein, dort soll man hin. War kurz in Potsdam, kam wieder zurück; hatte eigentlich selbst Musikant werden wollen, war stattdessen Telefonist, Bürohilfe, Handlanger, Kitabetreuer gewesen. Habe in der Freizeit vor allem gelesen und bin vor ein paar Monaten, völlig unerwartet, bei Tolstoi auf das Rigilied gestossen, einem Schriftsteller, der doch ganz anderes im Sinn hatte, die *Kreutzersonate* zum Beispiel.

Das Rigilied, dachte ich, wer hätte geahnt, dass ein Oberrunzeler in die Literatur- und Musikgeschichte eingehen würde?

Neben der Blasmusik interessierte ich mich auch für andere musikalische Gattungen. Für eine kurze Weile dachte ich, dass es vielleicht auch mit einer Band klappen könnte.

„I don't know-o-o-oh. A place for me to go-o-o-oh", brüllte Töbu mit rotem Kopf heiser ins Mikrofon. Wir waren in Ronnys Keller, mein Zeigefinger neben der E-Saite, bereit für den Einsatz in der zweiten Strophe. „E-E-E-E-A-A-A-A-E-E-E-E", stand von Hand auf einen Zettel gekritzelt. Hinter dem Schlagzeug schnitt Jerry Grimassen in Richtung Ronny, der mit ernster Miene die Akkorde schrummte und Töbus Einsätze dirigierte. Wir nannten uns Wanking Priest's Suffering, und wir waren im Begriff, Rockstars zu werden. Es lief nicht schlecht, wir waren siebzehn und hatten einen Gig auf sicher, die Klassenfete Ende Oktober im Cheminéeraum der Kantonsschule. Ronnies Vater hatte sich bereit erklärt, das Equipment zu transportieren, das aus zwei kleinen Röhrenverstärkern, Jerrys Schlagzeug und einem Mikrofonständer bestand. Als Gage hatten wir eine Flasche Jack Daniel's und eine Stange Lucky Strike vereinbart. Auf der Setlist standen bis jetzt drei Lieder. *No place to go*, das wir gerade probten, der Bierwalzer, eine freie Improvisation in E-Dur, sowie ein Cover eines Punksongs, dessen Text Töbu allerdings noch vom Booklet der CD ablesen musste. Da er kurzsichtig war und ausserdem eine Sonnenbrille trug, gelang das selten, was Ronny ungeduldig werden liess. Uneinig waren wir uns über das Outfit. Während Ronny und Töbu vorgeschlagen hatten, sich zu schminken und schwarz zu kleiden wie die Vorbilder in einschlägigen Metal-Magazinen, war Jerry dezidiert dagegen. „Ich finde Schminken scheisse", sagte er. „Lasst uns oben ohne auftreten", zog sich das T-Shirt über den Kopf, warf die Stöcke hin und verliess den Keller, um draussen theatralisch nach Luft zu schnappen.

Der erste Auftritt misslang, vielleicht, weil wir den Whiskey bereits vor dem Auftritt geöffnet hatten, vielleicht auch, weil Ronny und Jerry sich über die Schminkfrage derart heftig zerstritten, dass sie danach Rücken an Rücken spielten und nie mehr ein Wort miteinander sprachen. Vielleicht, weil Töbu sein Gesangsmikrofon in den Bassverstärker steckte und dieser die Doppelbelastung keine zehn Minuten durchhielt (vielleicht hatten wir zu stark aufgedreht); er bettelte darum, dass er das Mikrofon in den Gitarrenverstärker stecken dürfe, aber Ronny liess keinen an seine Anlage. Vielleicht auch, weil das anfangs wohlgesinnte Publikum nach zwei Takten zu lachen oder zu buhen, später zu reden begann, als man ausser Jerry und Ronny, der ein endloses Solo spielte, nichts mehr hörte, da Bass und Gesang nicht mehr verstärkt waren. Am Ende der Party jedenfalls lag Töbu sabbernd auf dem Boden der Tiefgarage, bis ihn sein Vater abholen kam. Fränzi und Tamara knieten besorgt neben ihm, sein Vater verprügelte ihn zu Hause und die ganze Band (ausser Jerry, der eine andere Schule besuchte) kriegte für die nächste Woche eine Einladung zu einem Gespräch mit dem Rektor. Der Bassverstärker war kaputt, die Flasche Whiskey leer. Die Pauke hatte ein Loch, daneben fanden sich Abdruckspuren von Ronnies Stiefeln. Jerry war beleidigt und sprach überhaupt mit keinem mehr, und die Band hatte ihr Ansehen weitherum verloren.

Ronny wurde Staatsanwalt, Jerry jobbte als Model für Herrenhemden und Töbu arbeitete als Immobilienverwalter. Nur ich hielt mich weiterhin in siffigen Übungskellern auf, spielte stundenlang Achtel und punktierte Viertel. Ich kaufte Effektgeräte und produzierte Geräusche und Loops in Marios Balkanstübchen, das ich für Donnerstag und Dienstagmorgen zu einem Wucherpreis mietete, und suchte Anschluss an Bands.

Es gibt zwei Möglichkeiten, Mitglied einer Band zu werden: musikalische Freunde oder ein Inserat. Meine Freunde stritten sich und hatten zu wenig Zeit. Also meldete ich mich auf ein Inserat; durfte vorspielen gehen. Mich instruieren lassen, von Manuel, einem Zimmermann, der einen Schuppen in Lommiswil ausgebaut hatte, der aber, bevor wir endlich spielen konnten, darüber referierte, was er sich bei den Texten überlegt hatte, und mir sein musikalisches Konzept erklärte: dass die Band gewöhnlich erst nach dem Üben Alkohol trinke und er Effekte mit verschiedenen Gitarren und nicht mit Effektgeräten herstelle. Seinen Vortrag illustrierte er mit Aufnahmen, auf denen schrille Gitarren und ein Gesang zu hören waren, der sich immer knapp ausserhalb der Tonart befand, in den höheren Lagen noch etwas mehr als in den tiefen, wo er immer denselben Ton, den tiefsten, den er herausbrachte, knurrte. Ich wies Manuel vorsichtig darauf hin, aber er sagte, dass es sich hier natürlich bloss um Demos handle, mit dem richtigen Mix und mit anständigen Boxen töne das noch viel besser. Jetzt trafen auch die anderen ein, zwei pummelige Handwerker mit Spitzbärten, man begrüsste sich knapp und ich durfte ein Lied wählen. Um es einfach zu halten, schlug ich *Knockin' on Heaven's Door* vor, die Kollegen nickten, der Schlagzeuger zählte an, die Tonart stimmte, der Song war im Repertoire. Ich wartete auf meinen Einsatz, sang mit Herzblut und ein wenig zu laut ins Mikrofon, „Mama take this badge from me" und „hey, hey, heyheyhey". Manuel kostete das Gitarrensolo aus, ging auf die Knie, wechselte vor dem Refrain schnell die Gitarre, drehte an den Knöpfen des Verstärkers, bog den Rücken durch und betrachtete sich im Wandspiegel. Das Ende dirigierte er dramatisch, Trommelwirbel, Geschrumme, lauter, schneller, ein Satz in die Luft, fertig. „Du hast die Version von Guns N' Roses gewählt", sagte er, als wir danach vor dem Übungsschuppen herumstanden und endlich ein Bier tranken. „Die find ich eben nicht so gut. Dieses yeah, yeah, hey, hey, das ist doch ein Scheiss. Wenn du jetzt die Version von Eric Clapton gewählt hättest, dann hätte ich gesagt: Ja, lass uns darüber reden. Aber so, sorry. Ich glaube, das wird nichts." Ich bedankte mich für die Gastfreundschaft, das Bier und den Vortrag, spazierte die Bauernhöfe entlang zum Bahnhof und fühlte mich mit meiner Gitarrentasche am Rücken wie ein Rockstar, trotz Ablehnung. Dasselbe Gefühl hatte ich auch, wenn ich am Samstagmorgen den Bassunterricht bei Toni Sterchi, einem arbeitslosen Musiklehrer, besuchte. Dazu musste ich mit der Regionalbahn nach Solothurn fahren, dort in den Bus umsteigen, eine kürzere Strecke zu Fuss zurücklegen. Der Bassunterricht fand im Estrich von Toni statt, neben der Waschmaschine standen zwei Hocker und ein grosser Verstärker. Manchmal war Toni noch nicht ganz wach, seine langen Haare waren nass. Er brachte mir ein paar technische Übungen bei, bevor wir zu Songs mitspielten, die wir abwechslungsweise vorschlugen. Toni hörte die Akkorde heraus und erklärte mir, welche Töne ich zu spielen hatte. Oft ging ich danach noch bei einem Musikgeschäft oder einem Kiosk vorbei, kaufte mir eine neue CD oder ein Metal-Magazin, das ich dann auf der Bahnfahrt zurück betrachtete. Es waren schöne, ausgefüllte Samstage. Am Mittag ass ich meist bei meiner Grossmutter, die sich wenig erfreut über meine T-Shirts zeigte. Sie kochte und zeigte mir die Blumen auf dem Balkon. Und sie hatte recht: Ich wurde kein Rockstar. Aber die Vision hat mich noch viele Jahre angetrieben.

Zweiter Versuch: Ich spielte bei einer Lehrerband vor, die ausschliesslich Ramones-Songs coverte. Der Bandleader war erstaunt, als ich auf die Noten verzichtete und sagte, dass ich einfach hinhören und die Töne erkennen würde. Das gelang mir zwar, wie ich fand, recht gut, aber Simon, der alle Songs sorgfältig Ton für Ton arrangiert hatte (die Notenblätter waren mit einem eingekreisten c versehen – Simon beanspruchte Copyright für seine Arrangements), teilte mir mit, dass man mit meiner Rhythmik nicht zufrieden gewesen sei. Zwei Jahre danach hörte ich die Band an einem Quartierfest, sie hatten noch immer keinen Bassisten gefunden, Simon spielte selbst den Bass und sang dazu, „Hey ho, let's go" und „Blitzkrieg Bop".

Bei Versuch Nummer drei waren es Scientologen, die im Keller einer Kirche probten. Das grösste Problem dieser Band war ein Keyboard, das in allen Songs so laut und oft spielte, dass ich weder den Bass noch den Gesang hörte.

„Wir haben“, sagten sie mir dann auch, „kaum was von dir gehört. Deshalb können wir gar nicht beurteilen, ob das passt.“

„Ja“, sagte ich, „das Keyboard…“

„Gell, ja, das Keyboard ist eben schon gut“, sagte Klaus, der Bandchef und Sektenoberjoggel.

Ich nickte.

„Du hörst von uns“, sagte Klaus.

Du mich auch, dachte ich und sagte: „Danke, Tschüss.“

Wieder in die S-Bahn, wieder eine Reise aus einem Keller zurück ins Dorf. Überhaupt, diese Keller, überall schien es Leute zu geben, die genug Energie aufbrachten, alte Lagerhallen, leer stehende Fabriken, Schulhäuser, Kanalisationsschächte oder was auch immer in Probelokale umzubauen. Samstagelang Material aus dem Baumarkt holen und verbauen, isolieren. Bis die Nachbarn reklamierten, es einen Wasserschaden oder einen Einbruch gab, eine Indoor-Hanfanlage entdeckt wurde oder der Fabrikbesitzer wegen sonstiger übler Geschäfte verhaftet wurde, was das Mietverhältnis beeinträchtigte, meist auch auflöste und den Umbauprozess an einem anderen Ort von Neuem anfangen liess. Nur Marios Balkanstübchen blieb. Es gab dort auch Partys. Ich wurde mehrmals eingeladen. Aber ich ging nie hin.

ix.

2011 wurde in Weggis der Mark-Twain-Themenweg eingeweiht. Ich werde ihn vielleicht im Frühling einmal gehen, im Moment ist es mir aber noch zu kalt. Tomas Espedal beschreibt in seinem Buch *Gehen: oder die Kunst, ein wildes und poetisches Leben zu führen*, wie er mit Anzug und weissem Hemd wandert. Tagelang, durch Städte und Steppen, Griechenland. Der Anzug ist seine Arbeitskleidung, Gehen sein Beruf. Er ist mein Vorbild. Wie mögen Johann Lüthi auf Tournee mit seiner „Fünfermusik" (was heute wohl „Band" genannt würde) und die anderen fahrenden Musikanten nach Luzern gekommen sein? Es gab erst die Postkutsche, die Eisenbahn war in den Nachbarländern gerade im Entstehen und sollte in der Schweiz erst ab 1860 benutzt werden können. Ein Pferd besass er vermutlich nicht. Wahrscheinlich ging er mit Franz Hammer zu Fuss. Vielleicht die Dünner entlang bis nach Olten und von dort der jetzigen Bahnstrecke nach, über Zofingen, Sursee. Vielleicht bog er bereits bei Kappel Richtung Aare ab und folgte dieser nach Aarburg. Oder er querte den Wald nach Wolfwil. Wo standen damals Brücken? In Aarburg wahrscheinlich. Möglich, dass es bereits Fähren gab. Als ich das letzte Mal dort war, Anfang November, war der Betrieb eingestellt.

Henry David Thoreau, ein weiterer Berufsfussgänger, schreibt in seinem Essay *Vom Spazieren*: „Kein Reichtum vermag die erforderliche Muße und Unabhängigkeit zu schaffen, die in diesem Metier [dem Gehen als Beruf] das Kapital darstellt." Das Buch konnte ich leider nicht zu Ende lesen, da ich es im Flugzeug vergass. Letzte Woche habe ich mir, als ich nach Palma flog – es war dort kalt, aber wärmer als zu Hause –, überlegt, ob ich das Buch von Werner Rohner, der einmal einen Text, den ich für seine Literaturzeitschrift einreichte, in kurzen Sätzen abgelehnt hat, ebenfalls liegen lassen soll. Ich habe es dennoch mitgenommen und zu Ende gelesen. Es geht um seine Mutter. Sie stirbt an Krebs. Rohner wandert nicht, er trauert. Und schreibt über sich selbst als egozentrische, langweilige Memme, die angeblich als Kameramann arbeitet und viel über Bilder nachdenkt. Franz Hohler hingegen, fünfzig Jahre älter als Rohner, unternimmt jede Woche eine kleine Wanderung und beschreibt sie auf zwei bis drei Seiten. Ob es sich bei den relativ banalen Gelegenheitstexten wirklich um eine „Schule des Sehens und der Achtsamkeit" handelt, wie der Klappentext behauptet, sei dahingestellt. Jedenfalls scheint selbst Hohler im Alter seine grünen Ideale nicht mehr ganz so heilig zu halten. Er fliegt für ein paar Tage nach Korea oder Kanada, fährt mit dem Auto auf einen Berg. Und flucht dabei weiter über die Verwüstungen der Zivilisation.

Ich bin durch Palma gewandert; zuerst das Meer, dann den Fluss entlang durch einen erstaunlich urbanen Park voller Hundehalter und Jogger, über die Autobahn, am Stadion vorbei. Durch enge Gassen und am Rand von Ausfallstrassen bis zu einem Golfplatz. Dort fand ich einen Zugang zum Wald, stieg einen Weg bergan, der von Warnungen gesäumt war, Privatgelände. Musste mehrmals umkehren, der Pfad verendete in einem ausgetrockneten Flussbett. Wurde zu einer Downhillstrecke. Mündete in den Privatpark einer Villa. Hunde. Durch Unterholz zurück, einen Steinbruch hoch, besprayte Ruinen, bis ich den Höhenweg fand. Diesem folgte ich während mehrerer Stunden über die Hügel, sah auf die Stadt hinab und dahinter das Meer. Begegnete gut ausgerüsteten Wandergruppen und wilden Geissen. Schämte mich für Turnschuhe und Jeans, meine Fersen schmerzten. Weiter durch Wildschutzgebiet, vorbei an Verbotsschildern, noch mehr wilden Ziegen und Fallbäumen. Die Sonne verbrannte meine Nase. Als mehrere Warnschilder eine steile Schlucht ankündigten, gutes Schuhwerk empfahlen, kam mir das Sennenmädchen in atmungsaktiver Sportkleidung entgegen, Sonnenbrille, Kopfhörer, grüsste und ging schnell an mir vorbei. Die Zeit lief, wurde gemessen, später im Internet gepostet, verglichen mit früheren Läufen und mit anderen. Das Hirtenmädchen war stolz, wenn ihre Zeit von anderen gemocht oder bestaunt wurde.

Ohne Schwierigkeiten, aber mit steigendem Durst stieg ich hinab, im Rucksack nur Bücher. Eine vermeintliche Abkürzung entpuppte sich als Hintereingang zu einem weiteren Golfplatz, über diesen geschlichen, unter der Autobahn durch, von den Gärtnern unbemerkt über einen Zaun geklettert; durch verwaiste Gewerbegebiete und Amüsiermeilen zum Strand. Niemand dort, ausser Bauarbeiter. Die Sonne hing tief. Ich kaufte mir im Supermarkt ein Bier und fuhr mit dem Bus zurück in die Stadt. Hohlers *Spaziergänge* hab ich auf dem Rückflug verloren. Aber ich habe einen Entschluss gefasst: Einmal werde ich es Johann Lüthi gleichtun. Zu Fuss von Oberrunzelen nach Luzern wandern. Mit dem Schiff über den See fahren und dann den Rigi besteigen.

Besteigung

Wanderweg neben den Schienen der Rigibahn.

Der Sommer ist vorbei. Es könnte jeden Moment zu schneien beginnen. Vroni ist mit den Kindern ins Appenzell verreist. Das ist wohl die letzte Gelegenheit, in diesem Jahr noch eine Rigibesteigung zu wagen. Ich suche im Internet nach Wanderhinweisen. Bis Kaltbad dreieinhalb Stunden. Bis zum Kulm von Weggis aus etwa sechs. Das bedeutet früh aufstehen. Es wäre wohl besser, in einem Hotel in Weggis zu übernachten. Ich frage meinen Freund Roman, ob er bei einer Besteigung dabei wäre. Er sagt sofort zu. Ich buche zwei Zimmer im Hotel Alpenblick, einem Hochhaus in der hinteren Reihe. Kreuze beim Zweck der Reise „Geschäftsreise" an. Wir verabreden uns für den 16-Uhr-Zug ab Bern. Die SBB-App zeigt drei rote Menschen an, es ist wohl mit vielen Reisenden zu rechnen. Als ich Richtung Bahnhof gehe, regnet es. Im Gepäck das Manuskript, eine ausgedruckte Karte, Wanderschuhe. Freitagnachmittag, die Beamten beenden die Arbeit etwas früher. Entsprechend viele davon drängeln in den Zug. Obwohl wir gemächlich warten, bis alle eingestiegen sind, gelingt es uns, einen Sitzplatz zu finden. Zwischen Zofingen und Sursee gibt es viele neue Siedlungen. In Pendlerdistanz zu den grösseren Städten frisst die Bautätigkeit das Land. Johann Lüthi wird hier über Felder gewandert sein, unser Zug fährt geräuschlos durch. In Luzern steigen wir auf das Schiff um. Wenig Betrieb, die Aussicht neblig, trotzdem stolpern Touristen mit iPads über unsere nur kurz ausgestreckten Beine und fotografieren oder filmen sich selbst vor der Aussicht. Der Himmel klärt auf, als wir mitten im See sind. In Weggis gehen wir von Bord und steigen zum Hotel hoch.

„Wir haben einen anderen Tisch reserviert", erklärt eine dürre ältere Dame der freundlichen Bedienung. „Nicht den da. Wir sind doch heute Nachmittag extra vorbeikommen und haben gesagt, diesen Tisch hier."

Das Rigistübeli ist halb leer, draussen ist es bereits dunkel. Roman und ich sitzen in der Ecke unter der Urschrift des Rigilieds und hören der Dame zu.

„Dürfte ich Ihren Namen wissen?", fragt die Bedienung freundlich, aber man sieht ihr auf dem Rückweg in die Küche an, dass sie sich ärgert. Sie behält die Beherrschung und erklärt dem Gast, dass es zwei reservierte Tische hat. Man könne die Namen einfach vertauschen. Die andere setzt sich, ohne ein Wort zu sagen, an den von ihr bevorzugten Tisch. Später, als die Bedienung die Getränke bringt, kostet sie vorwurfsvoll vom Wein. Findet aber wohl nichts, das sie kritisieren könnte. Also schweigt sie so feindlich wie möglich. Etwas später kommt ein weiterer Gast zu ihr an den Tisch, es könnte ihr Bruder sein: „Ich war in Vitznau statt Weggis", entschuldigt er sich. „Hab die beiden Orte verwechselt." Wieder schweigt sie.

Wir sitzen also im Hotel Central in Weggis unter dem Originalmanuskript des Rigilieds. Das heisst unter der „Urschrift" des einzigen ernstzunehmenden Rigilied-Forschers Alfred Gassmann, in der er das Lied so notiert hat, wie es Johann Lüthis Sohn ihm vorgesungen hat. Daneben, ebenfalls gerahmt: die Älplerversion und eine Soldatenversion, von der ich bis heute nichts wusste. Die Wände des Raumes sind mit Illustrationen von Szenen aus dem Rigilied bemalt. Das Sennenmädchen wird von den Rigiträgern den Berg hoch geschultert. Hammer und die Serviertöchter in Kaltenbad. Die lustige Gesellschaft auf dem Boot. In einer Studie des ehemaligen Primarlehrers und Sektionsvorstands Küttel aus Oberrunzelen habe ich gelesen, dass Lüthis Sohn Arthur in den dreissiger Jahren dem Wirt des Central zwei Originalklarinetten seines Vaters überbracht hatte. Sie wurden in diesem Saal aufgehängt. Ich suche sie vergebens. Roman blickt in ein Aquarium mit Zierfischen. Es könnte sein, dass sich die Klarinetten dort befunden haben, wo jetzt ein bunter Fisch böse in den Raum zurückstarrt. Die Karte listet Thaigerichte und Rösti. Als wir bezahlen, frage ich die überaus freundliche Bedienung, wo denn die Klarinetten sind. „Ja, die waren hier, gell", sagt sie. „Ich denke, der alte Besitzer hat die mitgenommen. Hier sind sie leider nicht mehr" Ich zweifle daran, dass sie sich an die Klarinetten erinnert. In der Toilette läuft *The Final Countdown*. Der ebenfalls überaus freundliche Portier aus Deutschland kann mir auch nicht helfen. Es könnte sich, denke ich mir, um einen Kriminalfall handeln, den Klarinettenfrevel von Weggis. Als 2006 zum Hundert-Jahr-Jubiläum der Urschrift wieder eine Delegation aus Oberrunzelen nach Weggis reiste, hingen die Klarinetten jedenfalls noch. Wo sind sie jetzt? Womöglich in Thailand? Wir denken eine Weile darüber nach und beschliessen, vom Denken durstig geworden, in eine Bar zu wechseln. Auf der Strasse torkeln ein paar Älpler vor uns in dieselbe Richtung.

Die Arte-Bar wird von einer Russin mit einem grossen Hund betrieben. Im Fernseher über der Bar läuft ein Konzert von Seasick Steve, einem angeblichen ehemaligen Obdachlosen, wie die Bedienung begeistert den torkelnden Älplern erzählt, die mit uns die Bar betreten haben, derweil ich die Speisekarte lese und Roman den Wachhund krault, der sich wohlig am Boden reckt.

„Du bist aber eine Hübsche“, brummt der eine Älpler als Antwort auf die musiktheoretischen Ausführungen der Russin.

„Jetzt bin ich verlegen“, sagt sie und schaut weiter in den Fernseher.

Wir bezahlen bald und steigen den steilen Weg zurück zum Hotel. Der Eingang führt durch ein Parkhaus. Womöglich sind wir die ersten Menschen, die diesen Weg zu Fuss zurückgelegt haben.

Am nächsten Morgen machen wir uns dazu auf, den Rigi zu besteigen. Ein guter Anfang ist es, denke ich, nicht dem Weg auf die Rigi zu folgen, sondern in die Gegenrichtung zu gehen. Also nicht den historischen Mark-Twain-Pfad mit Gedenktafeln eins bis sechs, sondern durch das Dorf Weggis hoch, unter der Autostrasse durch, Neubauten mit Milchglasbalkonen entlang, bis zum Ende des Siedlungsgebietes. Dort gilt es dann wiederum, nicht dem Wanderweg zu folgen, sondern einer Landwirtschaftsstrasse, im Asphalt sind noch die Fussspuren der Vorgänger zu sehen. Dank einer digitalen Karte des Bundesamtes für Landestopografie, auf der dankenswerterweise jeder einzelne Baum eingezeichnet ist, sind wir nicht auf die Wanderwegmarkierungen angewiesen. Gehen um einen Schuppen rum, entfernen den Viehdraht, kraxeln bei Schlieriberg durch einen Weinberg, eine Wiese hoch, den Kuhpfad entlang, einen Durchgang suchend über die Felswand bis zum von nun an doch nicht mehr zu vermeidenden Wanderweg. Statt in Kaltbad kehren wir in der Räbalp ein. Leider haben wir vor Begeisterung über den Wegweiser, der die Bergkneipe ankündigte, die Abzweigung zum Geissrügge verpasst. Zur Strafe begegnen wir dem berühmtesten Berner Schriftsteller Walter Schnegg, der zu einem Auftritt in Kaltbad unterwegs ist. Und einem Ehepaar, er kahl, sie fit, aber doch nicht mehr so ganz in Form, trotz atmungsaktiver Kleidung. „Genau so eine Beziehung“, sagt Roman,

„möchte ich nie im Leben.“ Die Älpler auf den Bänken vor dem Restaurant grüssen uns nicht, weshalb sollten sie auch, es gehört zum Klischee, das sie verkörpern, dass sie mürrisch und fremdenfeindlich sind, Bier aus grossen Flaschen trinken und sich danach den Schaum über den Schnauz auf den Tisch tropfen lassen. Aber die jüngere Frau, die serviert, ist äusserst nett. Die Getränke balanciert ihr kleiner Sohn zum Tisch. Völlig verschwitzt trinken wir Wasser statt Wein.

Bald machen wir uns wieder auf den Weg, an mürrischen Waldarbeitern vorbei durch Sumpf und Kuhdreck. Vor uns das Ehepaar, wir hätten es überholen können, wenn wir etwas schneller gegangen wären. Aber wozu? Je höher wir steigen, desto dichter wird der Nebel. Erst auf dem Chänzeli, nach mehr als tausend Höhenmetern, begegnen wir wieder anderen Menschen. Dafür aber gleich sehr vielen, denn bis hierhin sind es von der Bergstation der Gondel nur wenige Minuten Weg. Angestrengt versuchen Asiaten und Amerikaner die Aussicht zu finden, die auf Bildtafeln als touristischer Höhepunkt verkauft wird. Die Rigipanoramen sind heute fest verankert in der Erde. Man sieht trotzdem nichts. Das hält indes niemanden davon ab, zu fotografieren. Bald schon verlaufen die Schienen der Rigibahn, der ältesten Bergbahn der Schweiz, neben dem Wanderweg. Im nebligen Dunst kommt uns eine Asiatin in sauberen weissen Turnschuhen entgegen. Daneben ihr Freund, ihr Bruder oder sonst wer, sie schauen uns nicht an, sehen gestresst aus, schon sind sie vorbei.

Asiaten im Nebel.

Weiter zum Kulm, noch zwanzig Minuten. Immer mehr Touristen kommen uns entgegen. Ich erkenne das Prinzip „Lenk“: Kulm und Staffel liegen nur wenige Minuten Fussmarsch auseinander. Der Weg ist breit und quasi eben. Geeignet für Kinderwagen und ältere Menschen. Ein Spaziergang ist nicht allzu anstrengend, man braucht keine

Karte, kann einfach den anderen folgen. Und um ihn zu gehen, muss man eine ganze Berg- und dreiviertel Talfahrt kaufen. Auf dem Kulm schliesslich spucken die beiden Züge, einer von Arth-Goldau, einer von Vitznau herkommend, im Stundentakt Menschengruppen aus, als wären wir am Bahnhof einer mittelgrossen Stadt. Ich verstehe, weshalb die Rigi so beliebt ist: Der Berg hat ein klares Ende, einen klaren Gipfelpunkt, der heute mit einer riesigen Antenne noch deutlicher markiert ist. In wenigen Stunden ist man oben und kann den Gipfel so richtig umfassend „erleben". Wir beschliessen indes, nicht länger hierzubleiben, gar nicht erst hoch zum Aussichtspunkt zu gehen, sondern in die Bahn zu steigen und nach Vitznau zu fahren. Am Billetschalter frage ich, ob es möglich sei, direkt bis Bern zu lösen.

„Ja, kannst denken", sagt der freundliche Innerschweizer Schaffner.

„Dann also Vitznau einfach", sage ich.

„Sehr gern."

In der Bahn singt ein etwas zu gut gelaunter Schaffner mit eindrücklichem Schnauzbart das Rigilied des 21. Jahrhunderts ins Zugmikrofon:

Guete Sunntig mitenand,
heisst's im schöne Schwyzerland.
Lueget au wie d'Sunne lacht
und e fründlichs Gsichtli macht.
Frau, wo isch mis Sunntiggwand,

hüt wird bummlet über Land.
Guete Sunntig, guete Sunntig,
guete Sunntig mitenand.

Dieses Lied werde ich dann vielleicht zu einem späteren Zeitpunkt einmal analysieren.

Nachwort

Elio Pellin
Das Schunkel-Wir wird dekonstruiert

An den Anfang seines Essays über das Rigilied stellt Christian de Simoni die Abbildung eines Dokumentes; ein Dokument, das ein Beleg historischer Fakten und ein Passierschein in die Zone des gesicherten Wissens sein könnte – wenn dieses Notenblatt denn nicht ein bemerkenswert eigenartiges und dubioses Dokument wäre: die „Urschrift" des Rigilieds.

Eine ‚Urschrift' ist der – vermeintliche – Anfangspunkt in einer rekonstruierten oder konstruierten Abfolge von Fassungen, die vielleicht sogar als Stufen verstanden werden, deren Entwicklung von einem Anfangspunkt hin zum gültigen Werk führt. Die erste Fassung ist also immer nur mit Blick auf eine ganze Reihe nachfolgender Fassungen eine Urschrift und kann zum Zeitpunkt ihres Entstehens noch gar nicht Urschrift sein. Umso merkwürdiger, wenn das Dokument selbst den generischen Untertitel „Urschrift" und die fragwürdige Datierung „Juli 1832" trägt. Keinem Autor fällt es ein, eine Fassung als ‚Urschrift' zu bezeichnen, es sei denn mit einer nachträglich hinzugefügten Notiz, wie sie Autorinnen und Autoren gelegentlich anbringen, wenn sie ihre Archive sichten und ordnen. Die „Urschrift" des Rigilieds stammt denn auch nicht vom Autor dieser Liedversion, Johann Lüthi, sondern vom Volksliedforscher Alfred Leonz Gassmann. In einer kühnen Geste hat er das Notat des Rigilieds, das ihm der seinerseits schon betagte Sohn von Johann Lüthi als angeblich erste Liedversion 1904 aus dem Gedächtnis „in die Hand diktiert[]"[1] hatte, zum Anfang der Entwicklung eines Spottlieds hin zum festen und verfestigenden Bestandteil des nationalen Liedgutes gemacht. Die „Urschrift", die Christian de Simoni im Rigistübli des Hotel Central in Weggis fotografiert und seinem Essay vorangestellt hat, ist wohl eine spätere Reinschrift oder Abschrift, die Gassmann von seinem ersten Notat angefertigt hat.

Der Terminus „Urschrift", der eine feste Verankerung in der Vergangenheit bezeugen soll, verweist in diesem Fall vor allem auf die wacklige Konstruktion einer Herkunft. Das Dokument dekonstruiert sich also gewissermassen selbst. Kaum ein anderes Dokument dürfte deshalb besser für den Auftakt eines Essays taugen, den der Autor als Weiterführung seiner wissenschaftlichen Arbeit versteht, wie er sie in seiner Untersuchung der Literatur zum 11. September 2001 geleistet hat:

---

[1] Alfred Leonz Gassmann, Das Rigilied „Vo Luzern uf Wäggis zue". Seine Entstehung und Verbreitung, Luzern: E. Haag, 1908, S. 4.

„Ziel dieser Untersuchung ist es […] nicht, noch mehr Sinn zu schaffen, sondern im Gegenteil die Strategien freizulegen, mit denen Sinn – zum Teil gewaltsam, zum Teil unbewusst – geschaffen wird. Und damit auch einen Beitrag zur Wiederverunsicherung zu leisten und zu helfen, allzu offensichtliche Antworten zu vermeiden."[2]

Wie de Simoni diese Wiederverunsicherung in seinem Essay zum Rigilied angeht, ist ein grosser und ernsthafter Spass.

Alfred Leonz Gassmann, „der einzige ernstzunehmende Rigilied-Forscher"[3], versucht zu zeigen, wie ein Gelegenheits- und Spottlied sich vom Autor und Komponisten löst, in unzähligen Bearbeitungen und nicht zuletzt in der Praxis umgemodelt wird. Gassmann kann eine dieser Rigilied-Varianten gar als „Schweizer Hirtenmelodie" identifizieren, „wie sie eben nur in frischer, freier Alpenluft gedeihen kann",[4] eine „ätherisch reine, keusche, von der Kultur nicht beleckte Alpenmelodie; ein urwüchsiges Naturprodukt"[5]. Das „Herz des Älplers", das sich „freier bewegen" wollte als jenes der Flachländer, hat aus dem Rigilied ein

---

[2] Christian de Simoni, „Es war aber auch ein Angriff auf uns selbst", Betroffenheitsgesten in der Literatur nach 9/11. Marburg: Tectum, 2009, S. 12.

[3] Vorne auf Seite 9.

[4] Alfred Leonz Gassmann, Das Rigilied „Vo Luzern uf Wäggis zue", S. 17.

[5] Ebd., S. 18.

Volkslied gemacht, das sich „wie ein Lauffeuer […] in seinem neuen heimischen Gewande bis in die entlegensten Alpentäler" verbreitete.[6] Gassmann verbaut das Rigilied als solides Element in das Gemisch aus Mythen, Erzählungen, Melodien, Objekten, Signeten, die den Kern der Nation als vorgestellter Gemeinschaft ausmachen, wie sie Benedict Anderson beschrieben hat.

Während sich Gassmann also in Gedanken an die frische Alpenluft und das freiheitsliebende Herz der Alpenbewohner als solider Sinnproduzent bewährt, erweitert de Simoni die Geschichte des Rigilieds mit allerlei fiktiven Quellen grosszügig bis zu den Kelten im Vorderrheintal und gar bis zur Rückprojektionsfläche der europäischen Kultur und Demokratie: ins antike Griechenland – und leistet damit einen gewitzten „Beitrag zur Wiederverunsicherung".

De Simonis Essay ist aber nicht nur die Fortführung seiner literaturwissenschaftlichen Forschung, sie ist ihr literarischer Kommentar oder vielmehr das Gegenstück von deren Gegenstand. Fügen sich die literarischen Texte zu 9/11 weitgehend in den hegemonialen Diskurs über die Anschläge ein und verfestigen angesichts des unbegreiflichen Ereignisses ein betroffenes Wir, verfährt de Simoni in seinem Text zum Rigilied genau umgekehrt, indem er die Rigilied-Forschung

---

[6] Ebd.

mit der erfolglosen Selbstfindung des Ich-Erzählers koppelt. Das erzählende Ich findet im Unterschied zu den Erzählern der 9/11-Texte keinen Anschluss an den dominanten und sinnstiftenden Diskurs. Vielmehr demontieren die Suche und Forschung des Ich-Erzählers das Schunkel-Wir, das Frohsinns-Wir, das Schulreisen-Wir, das Turnerinnen-Ausflugs- und Militärdienst-Wir, kurz: das sentimental-nationale Wir. Statt reine Alpenluft und hoduliduli hopsassa findet er Thaigerichte und Rösti auf der Speisekarte und trifft auf „Asiaten im Nebel". Die Literatur, der Ort der Fiktion ermögliche es theoretisch, „kreativ mit Sprachregelungen und Floskeln umzugehen, diese zu hinterfragen und umzugestalten"[7], stellt de Simoni fest. Die 9/11-Literatur hat in dieser Hinsicht wenig zu bieten – ganz im Gegensatz zu de Simonis Ich-Erzähler, von dem wir vielleicht einst mehr erfahren werden, wenn das grössere Romanprojekt abgeschlossen ist, aus dem de Simoni den Rigilied-Stoff extrahiert hat.

[7] De Simoni, „Es war auch ein Angriff auf uns selbst", S. 13.

Literatur

Christen, J. J.: Allgemeines Schweizer Liederbuch. Eine Sammlung von 570 der beliebtesten Gesänge, Kühreihen und Volkslieder; nebst einem Anhang von Stammbuchaufsätzen, Aarau und Thun 1838.

Enzensberger, Hans Magnus: Theorie des Tourismus, Frankfurt/M. 1958.

Espedal, Tomas: Gehen: oder die Kunst, ein wildes und poetisches Leben zu führen, Berlin 2011.

Feierabend, August: Geschichte der eidgenössischen Schützenfeste von Gründung derselben im Juni 1824 in Aarau bis und mit der Jubelfeier im Juli 1874 in St. Gallen: nebst geschichtlicher Einleitung über das schweizerische Schützenwesen früherer Jahrhunderte, Aarau 1875.

Gassmann, Alfred Leonz: Das Rigilied „Vo Luzern uf Wäggis zue". Seine Entstehung und Bedeutung, Luzern 1908.

Grossjohann-Müller, Gitte: Im Stroh so wohlig, Muri b. Bern 1981.

Gusti, Elsbeth von: Geheyme Auffzeychnungen aus dem Thal der Verzweyflung, Zweisimmen 1721.

Hadorn, Arno S.: Falera Fragments. An Introduction to celtic interpretations of the „Rigilied", a basic Swiss Tune. Minessota 2016.

Haller, Albrecht von: Die Alpen, 1729.

Han, Byun-Chul: Die Austreibung des Anderen. Gesellschaft, Wahrnehmung und Kommunikation heute, Frankfurt/M. 2016.

Hohler, Franz: Spaziergänge, München 2012.

Iten, Andreas (Hg.): Der Rigi ist die Rigi – ein Lesebuch, Hitzkirch 2016.

Känzig-Rastorfer, Bernhard (Hg.): Oberbipp und seine Geschichte: eine Gemeindechronik, Oberbipp 2007.

Keller, Gottfried: Martin Salander, Berlin 1886.

Notz, Jean-Guillaume: Thagbuch meyner Bauernschaft, Därstetten i.S. 1707.

Notz, Jean-Guillaume: Thaghelle Gedichte. Erstes Konvolut (Privatdruck) 1713.

Mathieu, Jon et al. (Hg.): Geschichte der Landschaft in der Schweiz. Von der Eiszeit bis zur Gegenwart, Zürich 2016.

Meier, John: Vom Dichter des Rigilieds. In: Schweizerisches Archiv für Volkskunde, Band 14, Zürich 1910.

Pfluger, Elisabeth: Solothurnisches Gäu, Solothurn 1963.

Plantega, Bart: Yodel-Ay-Ee-Oooo. The secret history of yodeling around the world, New York 2004.

Rudolf, Gisela: Seine Wohnung in Florenz, Bern 1983.

Rohner, Werner: Das Ende der Schonzeit, Basel 2014.

Schäfer, Robert: Tourismus und Authentizität. Zur gesellschaftlichen Organisation von Ausseralltäglichkeit, Bielefeld 2015.

Thüler, Margrit (Red.): Feste im Alpenraum. Schweiz. Österreich. Deutschland. Italien. Frankreich., Zürich 1997.

Thoreau, Henry David: Vom Spazieren („Walking"), Washington 1862.

Tolstoi, Lew N.: Luzern. Erzählung, 1857.

Twain, Mark: Eine Rigibesteigung, 1879.

Wandeler-Deck, Elisabeth: Da liegt noch ihr Schal, Bern 2009.

Biografie

Christian de Simoni (*1979), aufgewachsen am Jurasüdfuss, arbeitet als Schriftsteller in Bern. Zuletzt erschien der Roman *Rückseitenwetter* (2011). Mehr: www.cdesimoni.net.

Elio Pellin ist Autor und Literaturwissenschafter. Er ist an der Universitätsbibliothek Bern verantwortlich für die Öffentlichkeits- und Kulturarbeit.

Die Edition dankt

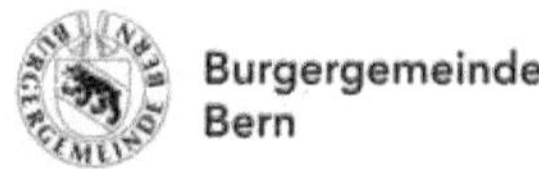

Die edition taberna kritika wird vom Bundesamt für Kultur mit einem Strukturbeitrag für die Jahre 2016–2018 unterstützt.

Der Autor bedankt sich beim Literarischen Colloquium Berlin und dem Kuratorium für Kulturförderung des Kantons Solothurn für die grosszügige Unterstützung seiner Arbeit.

edition taberna kritika
Neuerscheinungen 2016/17

Hartmut Abendschein
nicht begonnenes fortsetzen
ISBN 978-3-905846-43-0

Christina C. Messner
to shake shake shake
ISBN 978-3-905846-42-3

Robert Musil
Über die Dummheit
ISBN 978-3-905846-41-6

Giorgio Caproni
Il seme del piangere / Die Saat des Weinens
ISBN 978-3-905846-40-9

Rainer Hoffmann
Abduktionen, Aberrationen II
ISBN 978-3-905846-39-3

Norbert W. Schlinkert
Kein Mensch scheint ertrunken
ISBN 978-3-905846-38-6

Ausführliche Informationen über unsere
Neuerscheinungen und das Gesamtprogramm finden Sie im
Internet unter http://www.etkbooks.com
edition taberna kritika
Gutenbergstrasse 47
CH - 3011 Bern
Tel.: +41 (0) 33 534 9 308
info@etkbooks.com | http://www.etkbooks.com